AF478005

Koenig Books London

Henning Bohl

Kunstverein
Braunschweig e.V.
Kunstverein für die
Rheinlande und Westfalen
Düsseldorf

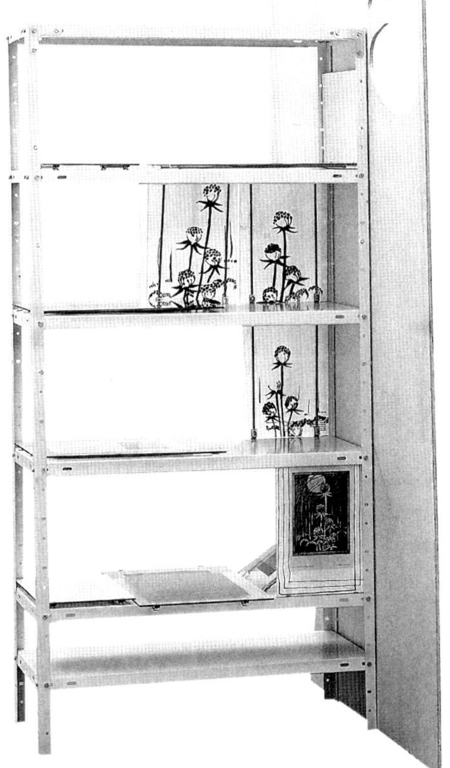

2005

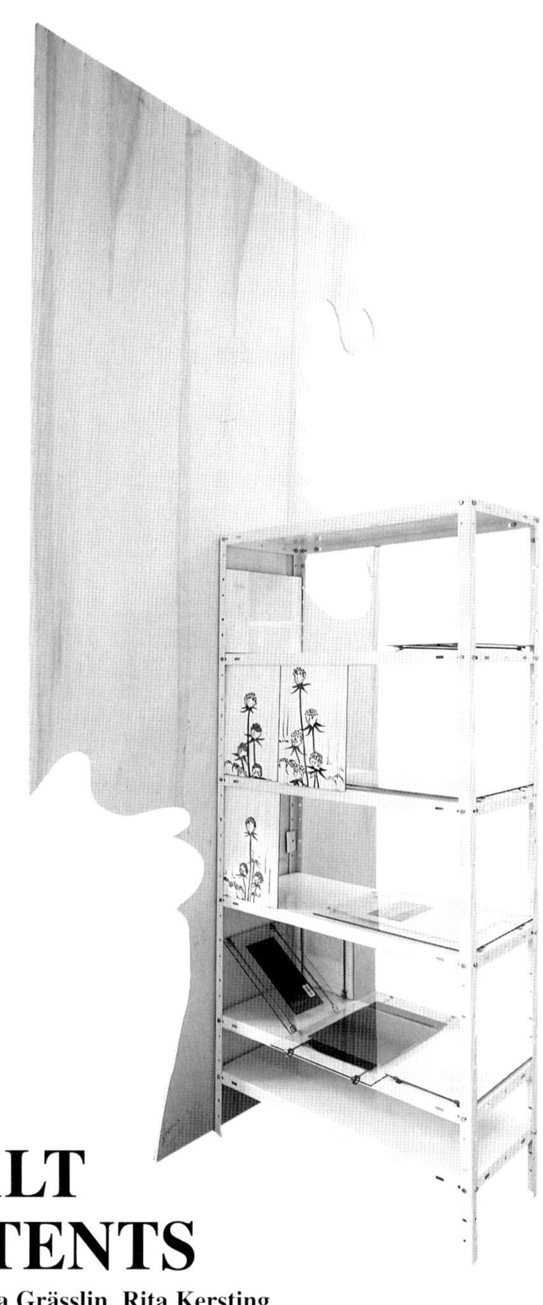

INHALT
CONTENTS

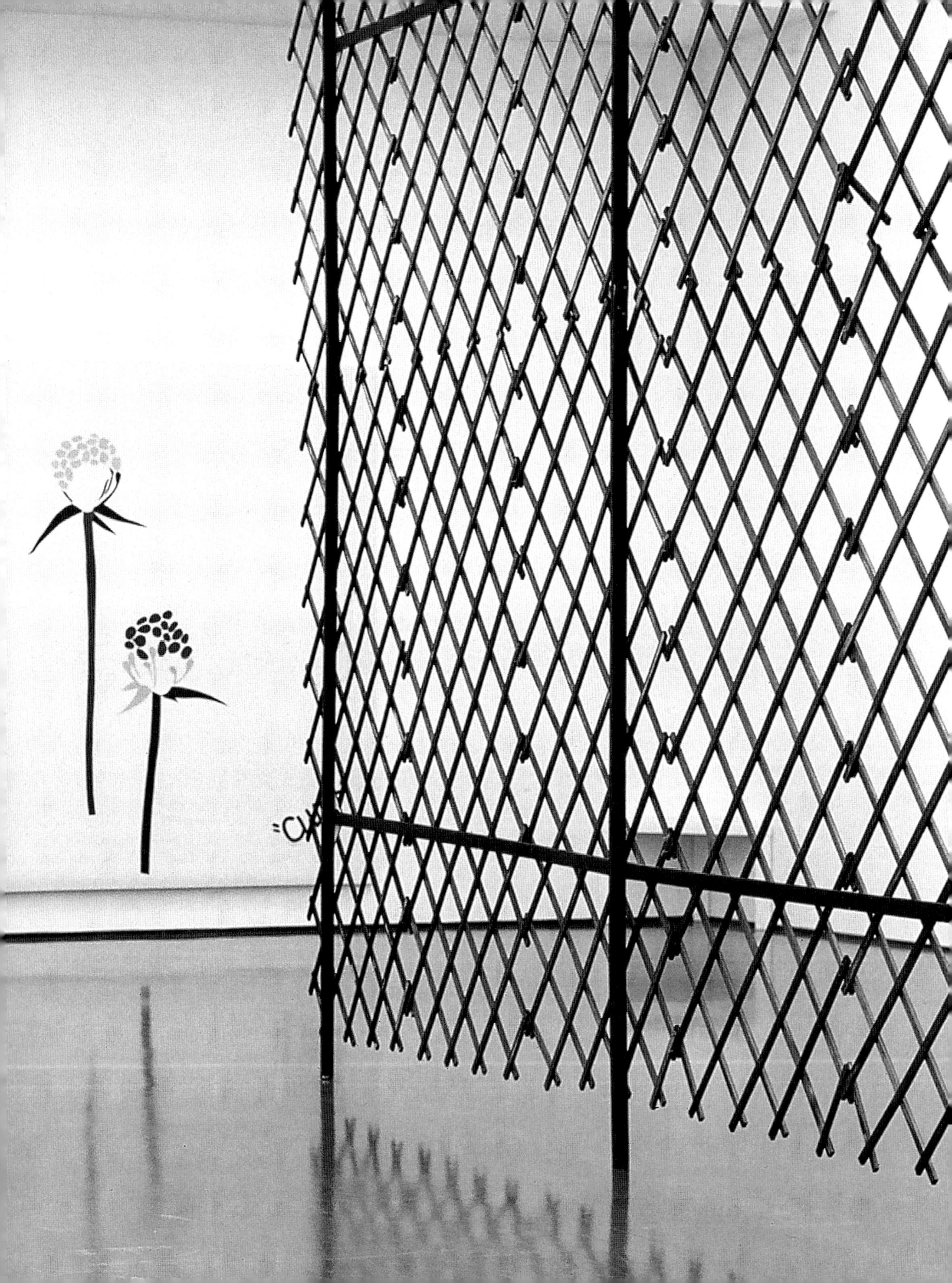

VORWORT

Henning Bohls Arbeiten muten wie eine zu Bildern gewordene Poesie an. In einer ganz persönlichen, konzeptuellen Setzung kombiniert er Dinge zu neuen Bildern, die zunächst durch ihre Leichtigkeit, ihre sensiblen, leuchtenden Farben und ihre klare, schnörkellose Form bestechen. Papierbänder über offenen Keilrahmen, Filzstiftgemälde, an Sockel gelehnte Collagen aus Papierschnipseln oder die Applikation auf einem Rosengitter führen Träger und Material auf eine ungewöhnliche Weise vor.
Die hier aufblitzende Frage nach der Konstruktion eines Bildes spielt auch bei den Motiven eine zentrale Rolle: Geometrische Formen, stilisierte Blumen oder Gesichter erscheinen wie Fragmente aus der Kunst und dem Leben und stecken voller Verweise und Anspielungen.
Die Figuren und Formen entstehen oftmals aus den Resten, die bei der Produktion der Arbeiten abgefallen zu sein scheinen. So fügen sich über den Umweg des Abfalls die Papierschnipsel oder Filzstiftstriche zu figurativen oder zeichenhaften Elementen zusammen.
Auf den ersten Blick scheint das Primitive im Sinne des Wortes auf etwas Primäres zu verweisen, sozusagen auf allererste Bilder. Auf den zweiten Blick scheint es jedoch um das Gegenteil zu gehen: Man erkennt aus der Kunstgeschichte stammende, facettenreiche Motive, die vom Teppich von Bayeux bis hin zu Installationen von Mike Kelley reichen, welche Bohl auf spielerische Weise aufgreift und verknüpft. So bilden seine Bilder Projektionsflächen für die langen bunten Schatten, die die Kunst der Vergangenheit in die Gegenwart wirft.
Das Kaleidoskop an Möglichkeiten, Kunst über Gattungsgrenzen und Geografien hinaus als Gestaltungskraft zu erkennen, fängt Bohl mit seinen an Henri Matisse, Sophie Täuber-Arp oder Kurt Schwitters anknüpfenden Formen und Techniken auf. Bohls stupend primitiv und klar aufblitzende Formen gleichen den Silben und Satzfragmenten einer unvollendeten Geschichte.
Seit Jahrzehnten versucht die Kunst, in die Literatur, den Tanz, die Politik, die Straße, in die Arbeitswelt oder die Wohnzimmer hineinzuschlüpfen und sie zu verändern. An diese Entwicklung knüpft Henning Bohl an und setzt sie fort, wobei der Rückspiegel seinen in die Zukunft gerichteten Blick schärft.
Mit *The Studio*, einer Zeitschrift, die Ende des 19. Jahrhunderts von dem Grenzen und Gattungen überschreitenden Jugendstilkünstler Aubrey Beardsley gegründet wurde, zieht Bohl eine programmatische Publikation als Quelle für facettenreiche Fragestellungen heran. Das Atelier als Produktionsort des Künstlers oder Ausgangspunkt für künstlerisches Handeln interessiert ihn dabei ebenso wie die Verbreitungsmöglichkeiten von Ideen und Ästhetiken oder die Frage nach der Qualität von Kunst, der er anhand von in *The Studio* durchgeführten Bilder-Wettbewerben nachspürt.
Wir freuen uns sehr, die ersten Einzelausstellungen von Henning Bohl im Kunstverein Braunschweig und im Kunstverein für die Rheinlande und Westfalen in Düsseldorf präsentieren zu können. Die Zusammenarbeit mit Henning Bohl war für uns ein schönes und bereicherndes Erlebnis, für das wir ihm von Herzen danken.
Die vorliegende Publikation dokumentiert die eigens für die beiden Orte entstandenen und miteinander verbundenen Projekte. Vanessa Joan Müller erläutert mit ihrem Text auf überzeugende Weise die künstlerische Haltung von Bohl, und Thomas Bayrle sendet mit seinem Text aus Peking ein reichhaltiges Sprachnetz, das den Blick auf Strukturen und Facetten von Henning Bohls Arbeit erweitert. Ihnen danken wir ebenso wie Kathleen Rahn, die das erhellende Interview mit dem Künstler geführt und die Ausstellung in Düsseldorf mit großem Einsatz kuratiert hat, sowie Katrin Wosnitzka für die Betreuung der Ausstellung in Braunschweig. Unser Dank geht an die Grafikerin Yvonne Quirmbach für die Gestaltung des Kataloges – in guter Zusammenarbeit mit Henning Bohl.

Karola Grässlin
Kunstverein Braunschweig

Rita Kersting
Kunstverein für die Rheinlande und Westfalen

FOREWORD

Henning Bohl's works have the appearance of poetry transformed into images. He configures things in a very personal, conceptual way in order to create new images, at once beguiling in their lightness, their play of sensitive, bright colours and their clear, unadorned form. Paper strips across open stretchers, paintings in felt pen, collages from scraps of paper leaning against pedestals or the application on a rose trellis – all of which present both the medium and the materials in an unusual way.

The question regarding a picture's construction flashes to mind with equal immediacy as it does when contemplating the motifs: geometric forms, stylized flowers or faces appear like fragments taken from art and life and are brimming with allusions and references. The figures and forms often originate from the by-products of preliminary production. And so therefore, via the detour of waste material, these shreds of paper or felt pen markings combine to arrive at their figurative or graphic destination.

At first glance, the primitive in the truest sense of the word seems to be pointing to something primary or primordial, to the very first pictures, so to speak. At second glance however, the contrary would appear to be the case: it is possible to discern a host of multi-facetted motifs drawn from art history – from *The Bayeux Tapestry* through to installations by Mike Kelley – which Bohl has adopted and connected with one another. In this way, his pictures provide a projection surface for that long, colourful shadow, which art from the past casts upon the present. Drawing upon Henri Matisse, Sophie Täuber-Arp or Kurt Schwitters, Bohl encompasses in all his forms and techniques the kaleidoscope of possibilities with which to recognize art as a creative power beyond the confines geography and genre. Bohl's stupendously primitive and clear, immediate forms resemble the syllables and sentence fragments of an incomplete language.

For decades, art has been trying to infiltrate and change literature, dance, politics, the street, the workplace or the living room. Henning Bohl engages with and continues this tendency, whereby use of the rear-view mirror only serves to hone his view into the future.

Bohl draws upon *The Studio*, a programmatic publication founded at the close of the 19th century by the innovative and multi-talented art nouveau exponent Aubrey Beardsley, as a source for a rich variety of questions. He is fascinated equally by the studio itself as the artist's locus of production or artistic point of departure, as he is by the distribution possibilities for ideas and æsthetic principles, or indeed, by the criteria for judging the quality of art, inherent in the picture competitions staged by *The Studio*, which Bohl duly traces.

We are very happy indeed to be able to present the first solo exhibition by Henning Bohl in the Kunstverein Braunschweig and in the Kunstverein für die Rheinlande und Westfalen in Düsseldorf. The collaboration with Henning Bohl was for us both an enriching and challenging experience and for this we are immensely grateful.

The following publication documents the projects devised specifically for and in conjunction with both locations. We would also like to thank Vanessa Joan Müller for her essay, in which she provides an engaging analysis of Bohl's artistic cast of mind, as well as Thomas Bayrle for contributing a richly woven text, which wonderfully illuminates facets and structures in Henning Bohl's work. In addition, we are grateful to Kathleen Rahn, who conducted a fascinating interview with the artist and who also curated the exhibition in Düsseldorf with enormous energy and commitment, as well as to Katrin Wosnitzka, who organised the exhibition in Braunschweig. Finally, we would like to thank the graphic designer, Yvonne Quirmbach, who was responsible for the catalogue layout in close collaboration with Henning Bohl.

Karola Grässlin
Kunstverein Braunschweig

Rita Kersting
Kunstverein für die Rheinlande und Westfalen

VANESSA JOAN MÜLLER
VON DEN RÄNDERN IN DIE MITTE

A New Direction, Beardsley's Liberation Army – schon aus den Titeln von Henning Bohls Arbeiten spricht ein Dagegensein. Dieses ist jedoch nicht aus der Ich-Perspektive formuliert. Bohls künstlerisches Denken aktualisiert vielmehr jene historischen Momente, in denen gesellschaftliche Veränderung möglich schien, und zwar nicht als ästhetisches Projekt entlang der Dialektik von Brüchen und Epochen, sondern als individuelle Verabschiedung aus der verwalteten Welt und ihrem Streben nach Funktionalität und Effizienz. Alternative Lebensentwürfe oder ganze Utopien des „Aussteigens" – jene Ränder der Gesellschaft, an denen Nonkonformismus in radikales Anderssein-Wollen übergeht – tauchen in seinem Werk nicht nur als sichtbare Referenz oder über den Titel eingeschriebener Subtext auf, sondern ziehen sich als Mikronarrativ durch seine gesamte Beschäftigung mit künstlerischen Positionen der Vergangenheit. Bohls Augenmerk gilt allerdings nicht den zentralen Positionen dieses historischen Feldes von Neuformulierungen, sondern den peripheren Momenten. Seine Beschäftigung mit den Utopien ist überdies immer an Figuren gebunden, die bestimmte Strömungen nicht nur initiierten, sondern ihren Biografien zufolge auch personifizierten. Diese programmatisch affirmative Bezugnahme reicht von alternativen Baumeistern der Hippie-Ära über die exilierten Bauhaus-Künstlerinnen Anni Albers und Trude Guermonprez, Studenten des Aspen College bis zu Aubrey Beardsley und der Zeitschrift *The Studio*. Sie alle teilten kompromißlose Lebensstile mit einer künstlerisch sich artikulierenden Suche nach alternativen Modellen der Gestaltung, in denen Kunst und Wirklichkeit, freie und angewandte Kunst vielschichtig fusionierten.

Bohl nähert sich diesen (Lebens-)Entwürfen aus der Haltung des Bewunderers, kennt jedoch eine aus der zeitlichen Entfernung und konzeptuellen Neubetrachtung gemilderte Distanz. Das aneignende Aufgreifen fremder Stile ersetzt er durch Wahlverwandtschaften, die er seinen eigenen Vorstellungen inspirierend an die Seite stellt. Auf diese Weise entstehen sich fächerartig entfaltende Manifestationen von

Ästhetizismus bis Modernismus, vom Arts & Crafts Movement bis zu alternativen Wohnraumkonzepten der Siebziger, in denen historische Positionen nicht einfach auf ihr überzeitliches Potential befragt, sondern zum disponiblen Material eigener Entwürfe werden.

Denn tatsächlich geht es bei Bohl vor allem um Material, faktisches wie intellektuelles. Seine Bilder, Collagen, Konstrukte haben stets etwas Imperfektes; in ihnen folgt er den improvisierten Entwürfen eines neuen, anderen Lebens, sammelt Spuren, erstellt Genealogien und entdeckt im Heute Parallelen zum Gestern, ohne allzu geradlinig vorzugehen. Gleichzeitig ist seine künstlerische Praxis von großer Effizienz geprägt. Dazu zählt das Weiterverarbeiten von Dingen, die bei der Produktion als eigentlich überflüssiger Rest angefallen sind, ebenso wie die Ausdifferenzierung einer Idee in unterschiedlichen Formaten. Ein Bildmotiv wird in unterschiedlichen Größen, unterschiedlichen Techniken aufgegriffen, eine Collage verlagert sich in den Außenraum und wird zum Wandbild. Henning Bohl arbeitet dabei mit assoziativer Leichtigkeit ohne Imperativ zur Innovation, aber auch jenseits modernistischer Fortschreibungstendenzen. Selbst wenn seine Collagen, Aquarelle und Zeichnungen wie eine Hommage an prägende Figuren der Kunstgeschichte wirken, sind sie keine zeitversetzten Variationen des bereits Existierenden. Die Idee des Kubismus greift Bohl in einer Serie von 3D-Zeichnungen auf, die das kubistische Prinzip einer zeitlich verdichteten Multiperspektivität in die Suggestion von Räumlichkeit mittels übereinander gelagerter Motive übersetzen. Seine von einer Patchworkdecke Sonia Delaunays inspirierte *Kubistische Tagesdecke* adaptiert das Prinzip der Collage und setzt gesprayte Farbfelder gegeneinander. Die strenge Formensprache japanischer Kunst wiederum verwandelt sich, gefiltert durch den Japonismus der Jahrhundertwende, in ein *Lachendes Bild* aus geometrischen Papierformen, aufgeklebt auf Leinwand. Diese Ökonomie des Materials wirkt minimalistisch, entfaltet jedoch eine Visualität, die Stile evoziert, ohne lesbares Zitat zu sein.

Das Privilegieren der autonomen Form gegenüber der klar formulierten Referenz oder expliziten Bezugnahme liegt vor allem an Henning Bohls konzeptuell angelegtem Interesse an Formen der Rahmung und der Präsentation, die allzu inhaltistische Interpretationen in die Schranken weisen. Charakteristisch ist seine Verwendung von Materialien, die Standardisierungen und industrielle Vorentscheidungen für den Massenbedarf spiegeln, durch subtile Verfremdungen jedoch eine vermeintliche Entfunktionalisierung erfahren. Papierarbeiten zum Beispiel werden in rahmenlosen Bildträgern präsentiert, bei denen eine einfache Glasscheibe mit vier Clips auf einer Preßspanplatte fixiert wird. Bohl verzichtet jedoch auf Passepartouts und läßt die Rückseite des Bilderrahmens in ihrer Materialität sichtbar werden. Manchmal fehlt die Rückwand komplett und das Glas und die Metallverstrebungen werden zum Teil des Bildes. Ein aus Holz, Silberkarton und Tesafilm konstruierter Rahmen präsentiert sich als autonomes Objekt, während größere Leinwände und Collagen in einen installativen Dialog mit gitterartigen Holzkonstruktionen treten, die der weißen Wand vorgeblendet sind. In skulpturalen Arbeiten wie *Toward a Coffeetable Book* modifiziert Henning Bohl ganze, als Massenprodukt konzipierte, präfabrizierte Formen „guten Designs" in Form von Ikea-Lacktischen. Durch kleine Eingriffe entstehen hier Objekte, die individualisieren, was für den Massenbedarf entworfen wurde, und in ihrem optischen Anderssein dem Begriff Kunsthandwerk eine neue Dimension verleihen.

Es scheint insofern konsequent, daß Henning Bohl sich in letzter Zeit vermehrt dem englischen „Fin de Siècle" und seinen zwischen Lebensreform und bohèmistischer Dissidenz schwankenden Ideen zu Kunst, Design, Dichtung und Mode zugewandt hat, steht dieses Æsthetic Movement doch für eine Aufwertung der gestalteten Form, die nicht mehr als Instrument bürgerlichen Distinktionsgewinns gesehen wird, sondern ein alternatives Konzept von Kunst und Leben verspricht. Das Kunsthandwerk wurde in dem anfänglich antibürgerlich ausgerichteten, später zum modischen Stilwollen avancierten Æsthetic Movement zum Bestandteil einer umfassenden Vorstellung eines besseren Lebens durch besseres Design. Vor allem die von Aubrey Beardsley mitbegründete Zeitschrift *The Studio* verstand sich in ihrer Mischung aus spätromantischem Hedonismus und fernöstlich inspirierter Exotik als Forum der Verfeinerung der Lebensart durch interdisziplinär ausformuliertes Stilbewußtsein. In thematischen Wettbewerben wurden Künstler wie Laien eingeladen, unter Pseudonymen Entwürfe zu Themen wie „Landschaft", „Typografie" oder „Architektur" einzureichen, die im Sinne einer „Demokratisierung" künstlerischer Praxis auf die Entwicklung eines Stils jenseits des bürgerlichen Kanons einwirken sollten.

„Moel Grugog" lautet das Pseudonym eines dieser passionierten Hobbykünstler, das Henning Bohl in seinen neuen Arbeiten aufgreift. In einem Wettbewerb in einer Ausgabe von *The Studio* aus dem Jahr 1902 belegte Grugog mit *Composition A XXI* (ein Holzschnitt, der stilisierte Kleeblüten zeigt) den dritten Platz. Die ersten beiden Plätze des Wettbewerbs, die an „Sir Espérance" und „Isca" gingen, waren mit einem Preisgeld versehen, der dritte Platz hingegen erhielt nur eine lobende Erwähnung, eine „Honourable Mention". Bohl erhebt das Pseudonym des drittplazierten Künstlers ebenso wie dessen eingereichtes Werk zum Gegenstand einer konzeptuell angelegten Hommage. „Moel Grugog" wird wie ein „Graffiti-Tag" auf ein großes Rosengitter aufgebracht, die *Composition A XXI* in verschiedenen Variationen reaktivitiert. Bei beiden Verfahren steht sowohl die abstrakte Aneignung als auch der Transfer in die Gegenwart im Zentrum. Das „Tag" – die Signatur des Graffiti, die für sich selbst steht und den Namen des Sprayers nicht nur publik macht, sondern zu einer ikonisch verdichteten Selbstrepräsentation erhebt – wird zur eigenständigen, über das Rosengitter skulptural im Raum stehenden Form. Großformatige Collagen auf Leinwand (*Hon. Mention „Moel Grugog"*) zeigen die stilisierten Blüten des im Original vom Japonismus inspirierten Entwurfs ebenso wie kleine Filzstiftzeichnungen, die gemeinsam mit dem originalen Beitrag aus *The Studio* und Entwürfen für die Einladungskarte der Ausstellung ein archivarisches Ensemble bilden. DIN A4 große Collagen mit ausgeschnittenen Buchstaben setzen auf die Evokationskraft der Zeitschriftentitel *The Studio* und *The Yellow Book*. Ein einfaches Metallregal aus dem Baumarkt, das den Mikrokosmos der *Honourable Mention* von Moel Grugog versammelt, wird, mit einer floral ausgreifenden Sperrholzplatte versehen, zu einer Insel im Raum und Metonymie für Aubrey Beardsley, seine Adepten und deren Vision einer schöneren Welt.

Doch die Historie ist noch weiter verästelt, mit anderen Themen und Sehnsüchten verwoben. Thomas Malorys *Mort D'Arthur*, der in Bildern der Präraffaeliten ebenso auftaucht wie in den Zeichnungen Aubrey Beardsleys, ist Namensgeber eines neuen Bildes von Henning Bohl, *Der Teppich von Bayeux* heißt ein anderes. Es handelt sich bei diesen Arbeiten jedoch nicht um Bilder im eigentlichen Sinne, sondern um mäandernde Assoziationsfelder, die die Grenze zwischen Kunst und Massenkultur, mittelalterlichen Tapisserien und Donald Duck verschieben und der Originalität des Entwurfs die aneignende Geste der Kopie entgegenstellen. Über Holzrahmen spannen sich verschiedene farbige Papiere, collagierte Ausschnitte aus Büchern, Fragmente von Fotokopien, gefaltete und ornamental zugeschnittene Kartons. Wie ein asymmetrisches Flechtwerk aus den Resten ausufernder Recherchen überziehen diese Streifen den Rahmen, vermeiden in ihrer Gesamtheit aus Farben und Formen jedoch die offensichtliche Dissonanz. Sie repräsentieren einen spätromantischen Eklektizismus, bilden aber auch eine Metapher für Bohls künstlerisches Denken an sich: ineinander verwobene Epochen, Alltägliches und der Kunstgeschichte Entnommenes, das sich überlagert, dessen Motive zentral oder an den Rändern aufscheinen, sich zu einem Neuen verbinden und doch die verschiedenen Referenzen sichtbar halten. Am Ende sind es auch hier die wiedergelesenen Namen der Vergangenheit, die die Fäden zusammenhalten: Aubrey Beardsley, Moel Grugog, die Weberinnen des Bauhauses. Wo ausdifferenzierte Konsumwelten für jeden Lebensentwurf das passende Produkt parat halten, wird es Zeit, Nonkonformisten wie sie aus den Peripherien der Erinnerung zu befreien.

VANESSA JOAN MÜLLER

FROM THE FRINGES TO THE CENTRE

A New Direction, *Beardsley's Liberation Army* – the very titles of Henning Bohl's works resonate with a voice of opposition. However, this opposition is not formulated from the first person perspective. Bohl's artistic way of thinking makes those historic moments more topical in which social change seemed possible, though not as an aesthetic project along the dialectical lines of eras, epochs and breaks with the past, but rather as an individual valediction to an outmoded world and its striving for functionality and efficiency. Alternative lifestyles or utopian models based upon "dropping out" – those fringes of society in which non-conformism merges with the radical desire to be different – crop up in his works not only as a visible reference or via the titles of inserted subtexts, but can also be traced as a micro-narrative throughout his preoccupation with artistic positions of the past. However, Bohl's focus of attention does not fall upon the central positions in this historic field of innovations, but rather in the peripheral moments. Furthermore, his preoccupation with utopian models is bound up with those figures, who not only initiated particular trends, but who – if their biographies are to be believed – actually personified them. This affirmative reference is programmatical and reaches from the alternative master craftsmen of the hippy era via the exiled Bauhaus artists Anni Albers and Trude Guermonprez, the students of Aspen College to Aubrey Beardsley and the magazine *The Studio*. All of these individuals shared a zest for uncompromising lifestyles based on a search for alternative models of design, which in turn expressed themselves artistically and in which art and reality, free and applied art fused in a multiplicity of ways.

Bohl approaches these designs (for living) from the point of view of an admirer, and in so doing, evinces a gentle reticence by virtue of temporal distance and implicit conceptual re-evaluation. He replaces the appropriation of alien styles with a set of elective affinities, which he then juxtaposes with his own ideas in an inspiring fashion. In this way, continually evolving manifestations burgeon fan-like, ranging from aestheticism through to modernism and encompassing phenomena such as the Arts & Crafts movement and alternative concepts for living from the Seventies. Historic positions are investigated here, though not only with regard to their potential to transcend their temporal origin, but also in terms of the material they provide for individual works.

For as far as Bohl is concerned, it actually is all tied up with material, both factual and intellectual. His pictures, collages and constructions have always had a sense of imperfection about them; through them, Bohl follows an improvised design for a new, different existence, amasses evidence, establishes genealogical pathways and discovers parallels with the past in the present, without necessarily pursuing a straight trajectory. At the same time, his artistic practice is characterized by a prodigious efficiency. Included within this is the practice of processing the by-products of production, as well as the differentiation of one idea in a variety of formats. A motif for a picture will appear in varying sizes, differing techniques; likewise, a collage co-opts the adjacent space and becomes a mural. Henning Bohl works with an associative ease without adhering to the imperative for innovation, but also beyond the extrapolation of modernist tendencies in art. Even if his collages, watercolours and drawings do appear to be a homage to influential figures in art history, they are not merely temporally transferred variations of extant versions. Bohl takes up the idea of cubism in a series of 3-D drawings, which translate the cubist principle into a temporally concentrated multi-perspectivity, in which the suggestion of space is achieved by means of layered motifs. His *Kubistische Tagesdecke* [Cubist Day-Quilt], inspired by a patchwork quilt by Sonia Delaunay, adapts the principle of collage and juxtaposes fields of sprayed colour. The strict formal language of Japanese art transforms itself, filtered through the turn of the century japonism, into a *Lachendes Bild* [Laughing Picture] made from geometric paper shapes glued onto canvas. This economy of material has a minimalist effect, nevertheless is able to develop a visuality, which evokes styles without being decipherable as a specific quotation.

The preference for the autonomy of form, as opposed to a clearly formulated reference or explicit allusion, can be found conceptually in Henning Bohl's applied interest in types of frames or framing and presentation itself, thereby inhibiting an all too thematically interpretative response. Characteristically, he makes use of specific materials, which in turn reflect a standardisation and industrial predetermination, which are also subject to subtle alienations and have undergone a defunctionalization. Paper works for example are presented without frames, covered by a simple pane of glass affixed to a piece of press board with four clips. Bohl forgoes the use of mounts and deliberately allows the rear of the picture frame to remain visible in order to reveal the material it is made from. Sometimes the back board is missing entirely and the glass and the metal supports become part of the picture. A frame made from wood, silver cardboard and sellotape presents itself as an autonomous object, whereas other canvases and collages enter into an installational dialogue with fence-like wooden structures mounted in front of the white wall. In sculptures such as *Toward a Coffetable Book*, Henning Bohl modifies a whole series of mass-produced, prefabricated forms "of good design" (in the shape of Ikea gloss tables). By means of minute interventions, objects designed for mass consumption are individualised and by virtue of their optical otherness, lend a new dimension to the term (arts and) craft industry.

It seems consistent therefore that in recent times, Henning Bohl has increasingly turned to the English *Fin de Siècle* and its ideas – oscillating between *Lebensreform* [life-reform] and bohemian dissidence – about art, design, poetry and fashion, *inasmuch* as the Æsthetic Movement did stand for a re-evaluation of designed form; it was no longer considered to be a vehicle by which to acquire one's bourgeois laurels, but proffered an alternative concept for art and life. For the Æsthetic Movement – initially anti-bourgeois in orientation though later becoming a generic style – applied art and crafts were a component of an all-encompassing idea of a better life through better design. Above all, the magazine *The Studio* – co-founded by Aubrey Beardsley – in its mixture of late romantic hedonism and oriental exoticism, perceived itself to be the forum for the refinement of life through an formulated, interdisciplinary style-consciousness. In theme-based competitions, artists as well as lay people were invited to submit sketches under a pseudonym on subjects such as "landscape", "typography" or "architecture", which, under the auspices of a progressively democratising artistic practice, were supposed to have an effect on the development of a style beyond the remit of the bourgeois canon.

"Moel Grugog" was the pseudonym of one such passionate hobby artist, which Henning Bohl adopted in one of his recent works. In a competition in one of the issues of *The Studio* from 1902, Grugog was awarded third place with *Composition A XXI* (a woodcut depicting stylised clover leaves). The first two places in the competition, awarded to "Sir Espérance" und "Isca" respectively, were in the form of a money prize, whereas the third place received an "honourable mention". Bohl elevates the pseudonym of the third placed artist, as well as the work he submitted, to the subject of a conceptually devised homage. "Moel Grugog" is emblazoned on a large rose trellis rather like a graffiti tag and reactivates *Composition A XXI* in a series of different variations. In both procedures, not only abstract appropriation but also transfer into the present day become central elements. The so-called tag or signature doesn't just publicize the name of the graffitist, but also elevates it to an iconic, concentrated self-representation, and becomes a separate sculptural form standing in space above the rose trellis. Large format collages on canvas (*Hon. Mention "Moel Grugog"*) show the stylised flowers of the japonism-inspired original design as well as small felt-pen drawings, which, together with the original contribution from *The Studio* and designs for the exhibition invitation card, form a kind of archival ensemble.

A4 sized collages with cut-out letters rely upon the evocative power of the magazine titles *The Studio* and *The Yellow Book*. A simple B&Q-style metal shelf unit, which contains the microcosm of Moel Grugog's *Honourable Mention* – replete with an extended floral piece of plywood – becomes an island in space and metonym for Aubrey Beardsley, his adepts and their vision of a more beautiful word. Yet the story is even more convoluted and interwoven with other thematic strands and yearnings. Thomas Malory's *Mort D'Arthur*, which features in the paintings of the Pre-Raphaelites as well in Aubrey Beardsley's drawings, provides the name for a new Henning Bohl work; *Der Teppich von Bayeux* [The Bayeux Tapestry] being the name of another one. These are not pictures in the normal sense of the word, but rather meandering rivers of association which shift the borders between art and mass culture, between medieval tapestries and Donald Duck and juxtapose the originality of the design with the appropriating gesture of the copy. Various pieces of coloured paper are stretched across wooden frames, as well as collages from books, fragments from photocopies, folded and ornamentally cut cardboard. Like an asymmetrical weave of leftovers from innumerable, boundless research expeditions, these strips stretch across the frame, yet avoid obvious dissonance by virtue of the totality of their colour and form. They represent a late-romantic eclecticism, but also form a metaphor for Bohl's artistic cast of mind: interlacing epochs, overlapping elements taken from the everyday world as well as that of art history, the motifs of which appearing at the centre or on the edges, combining to form something new, yet retaining the visible references. In the final analysis here too it is the re-read names from the past that hold the threads together: Aubrey Beardsley, Moel Grugog, the Bauhaus weavers. In a world where highly differentiated consumer microcosms provide the appropriate product for every imaginable design for living, it is time to liberate these nonconformists from the fringes of memory.

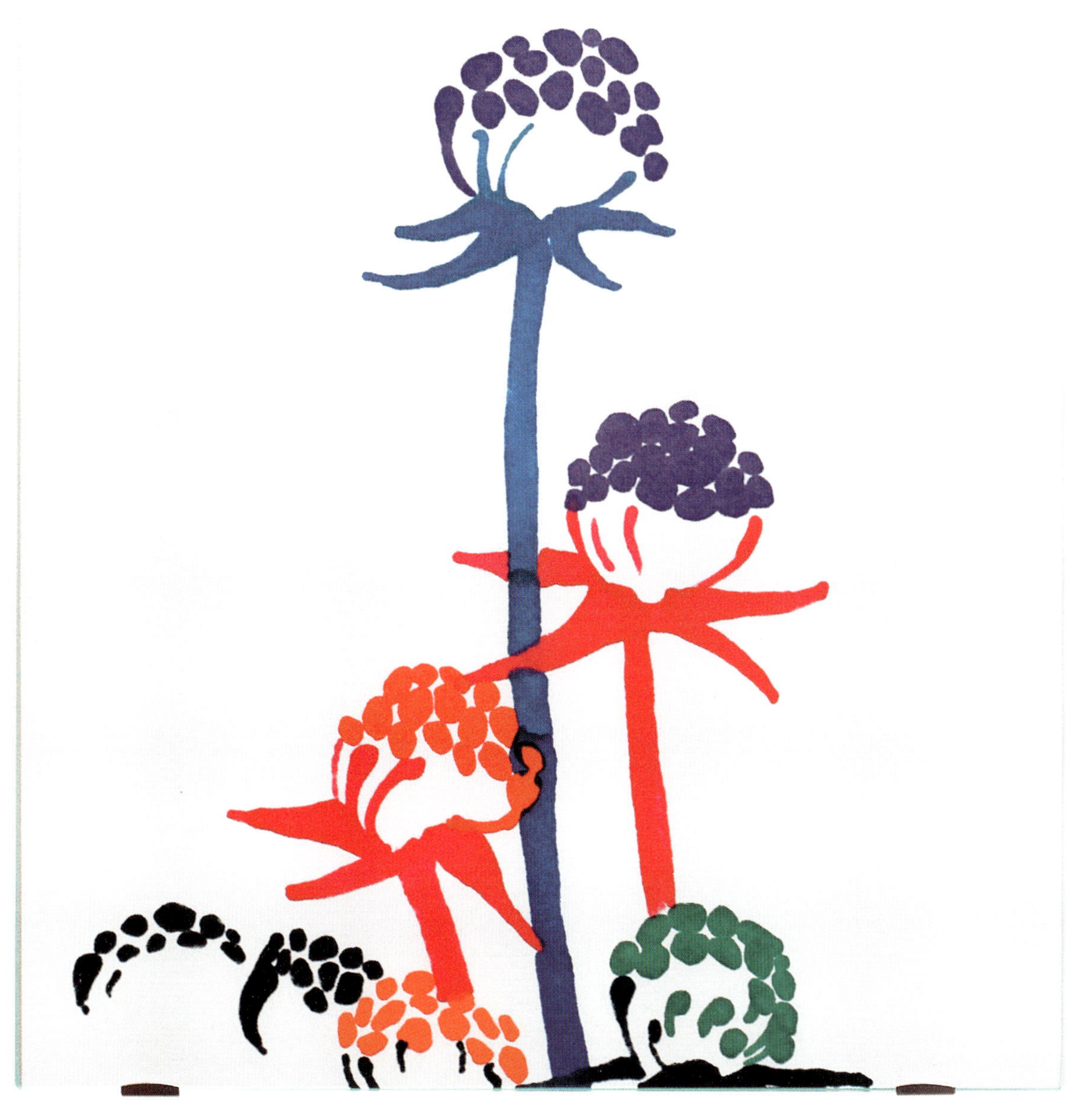

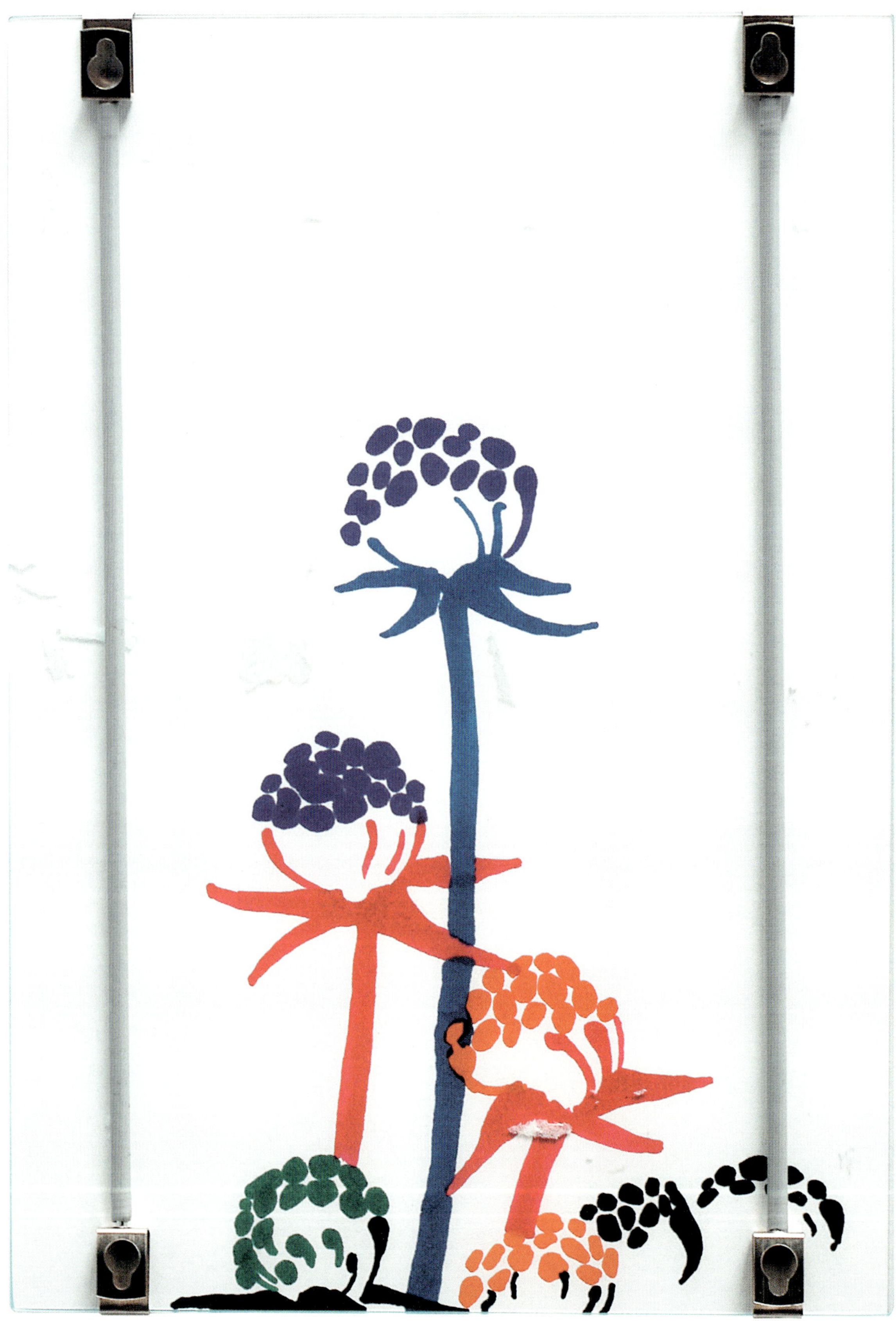

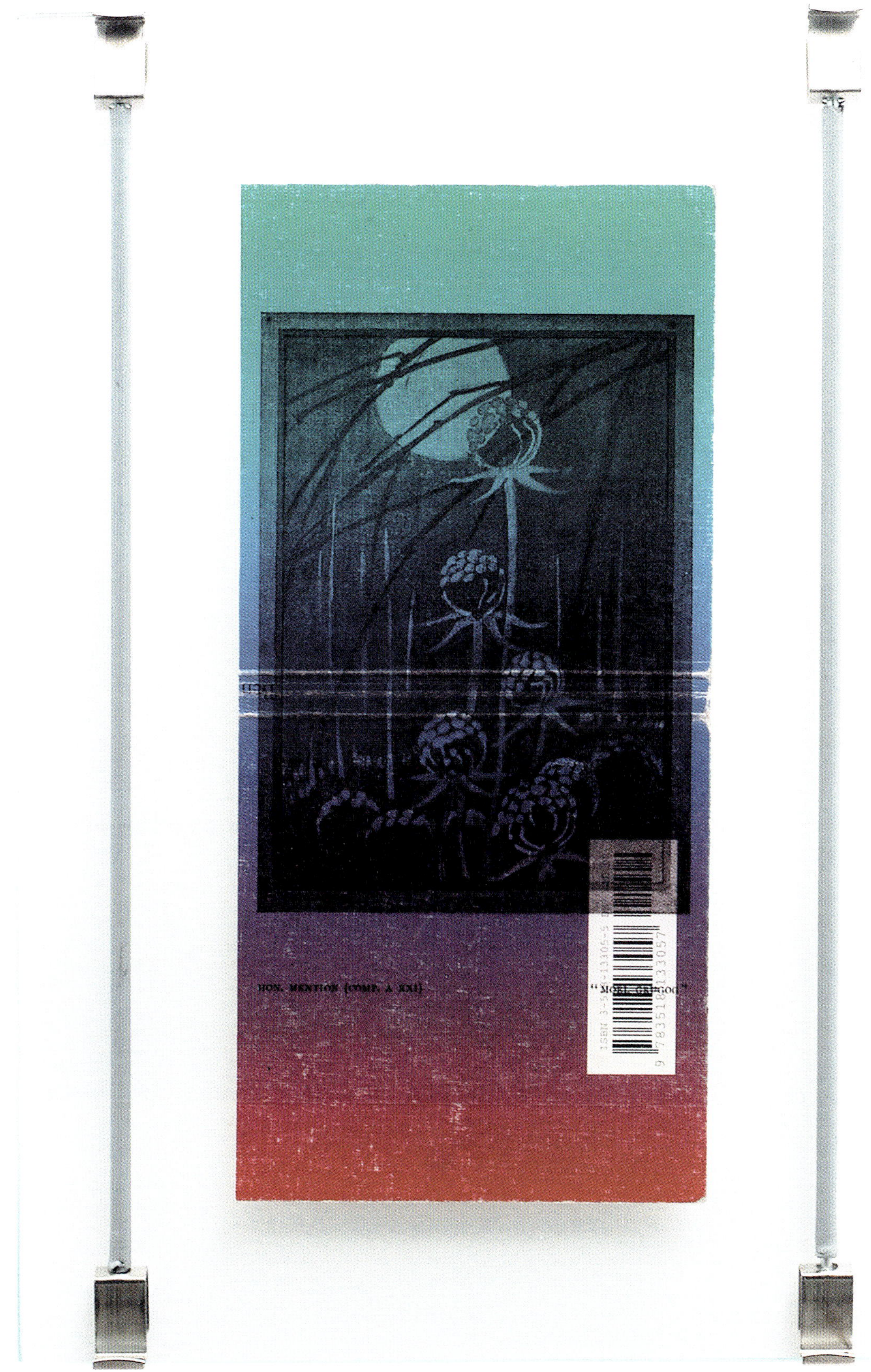
HON. MENTION (COMP. A XXI)

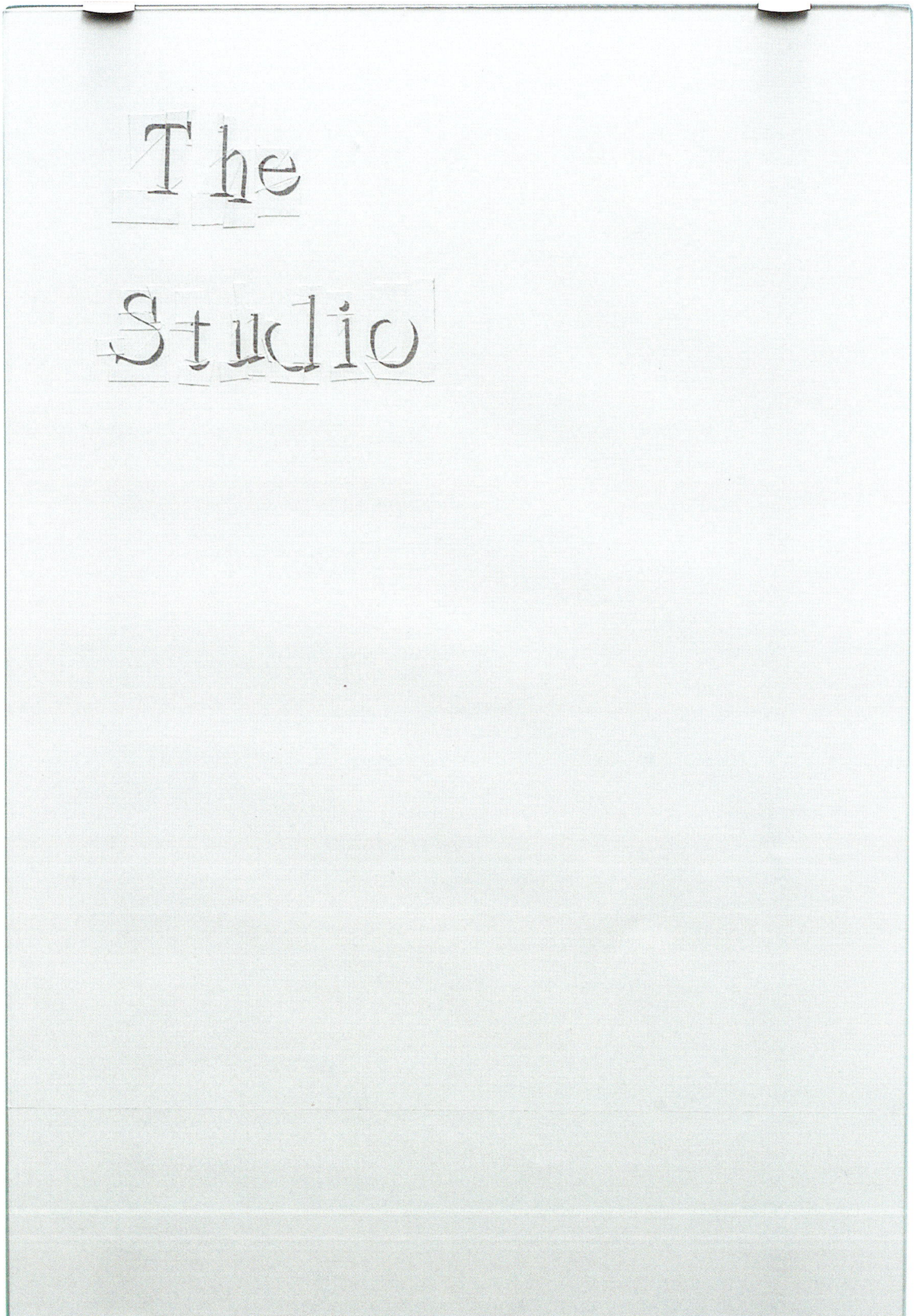

The
Studio

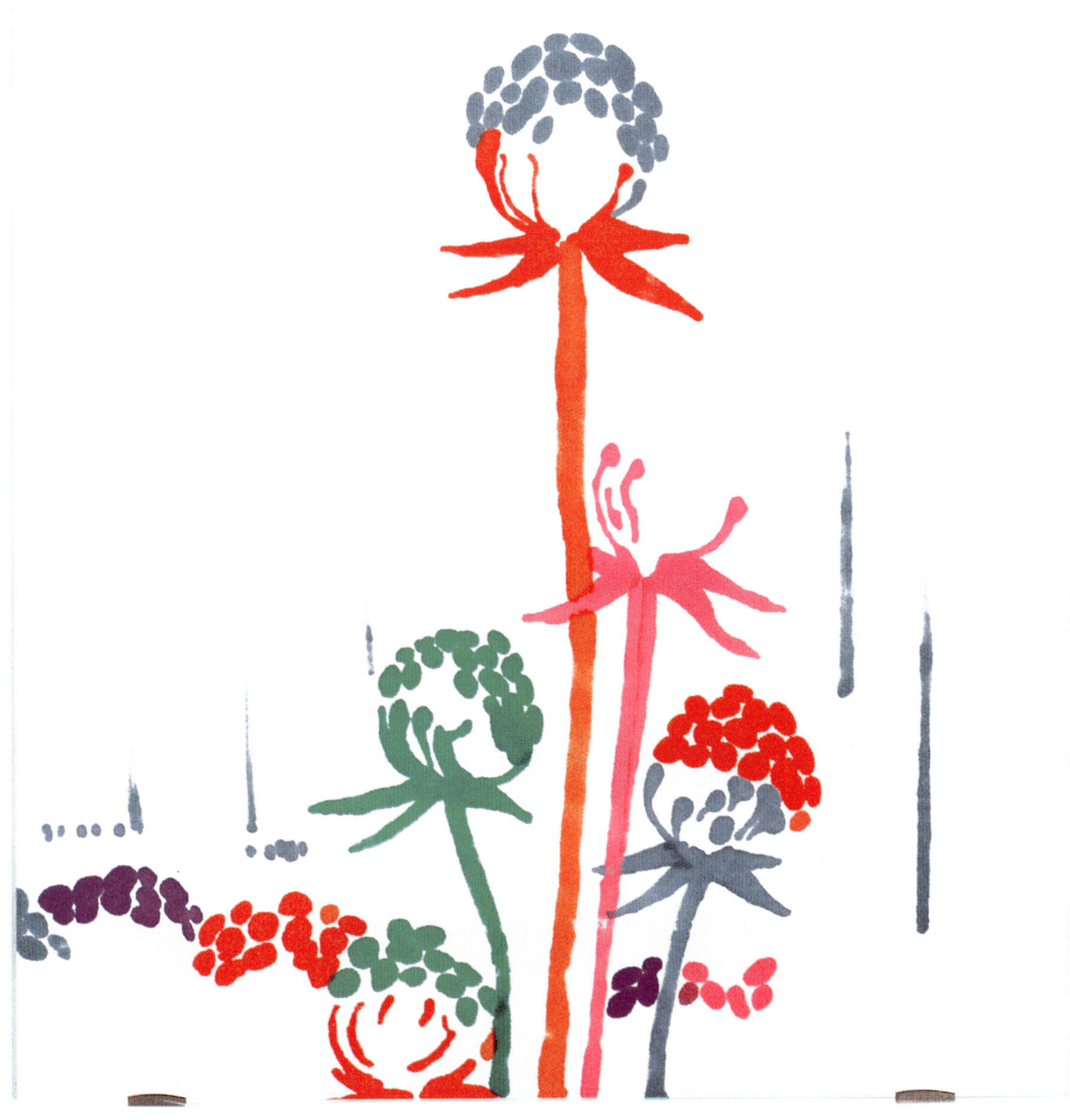

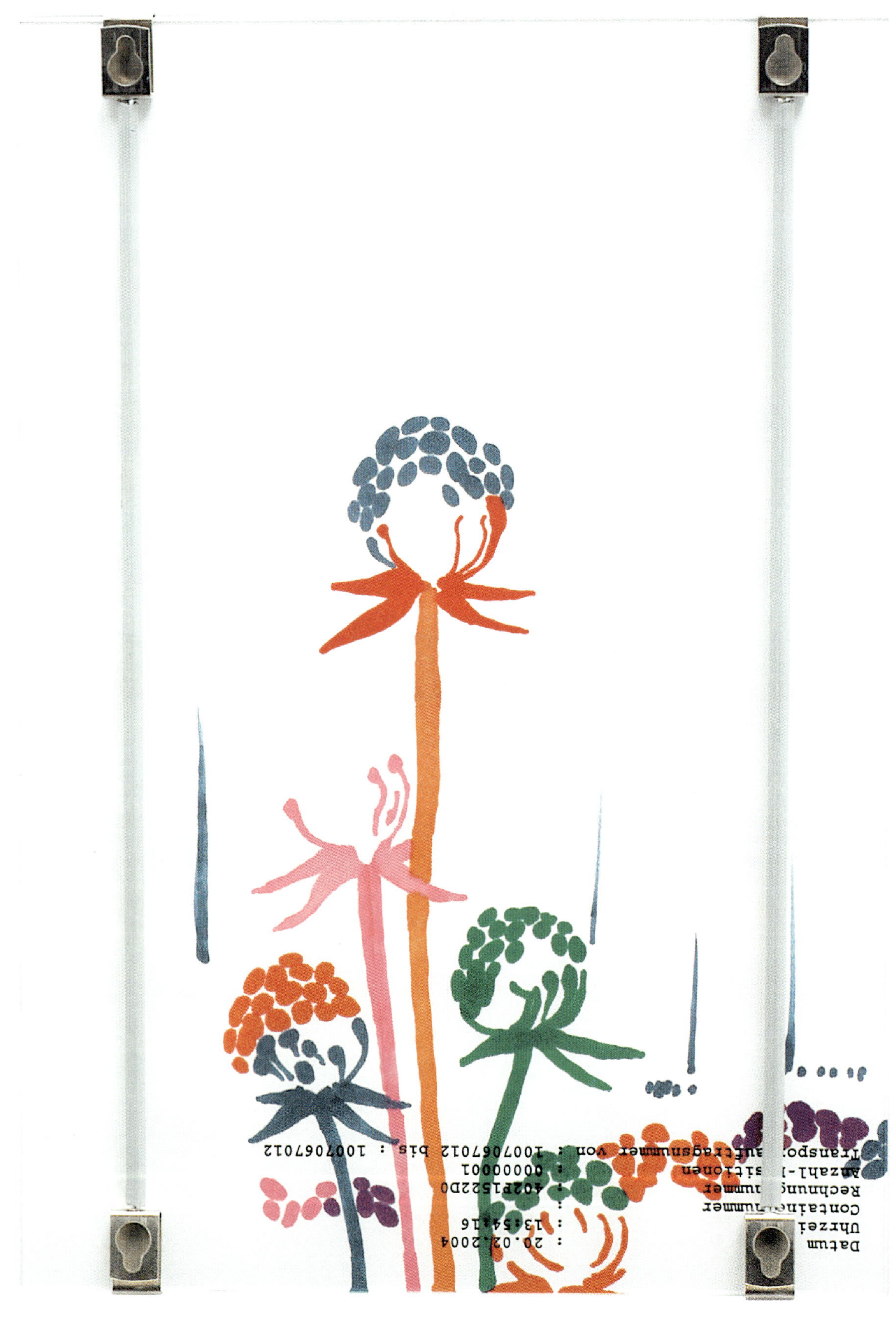
Datum : 20.02.2004
Uhrzei : 13:54:16
Contai nummer :
Rechnun ummer : 402P1522D0
zahl- sitionen : 00000001
Transpo auftragsnummer von : 1007067012 bis : 1007067012

THE·STUDIO

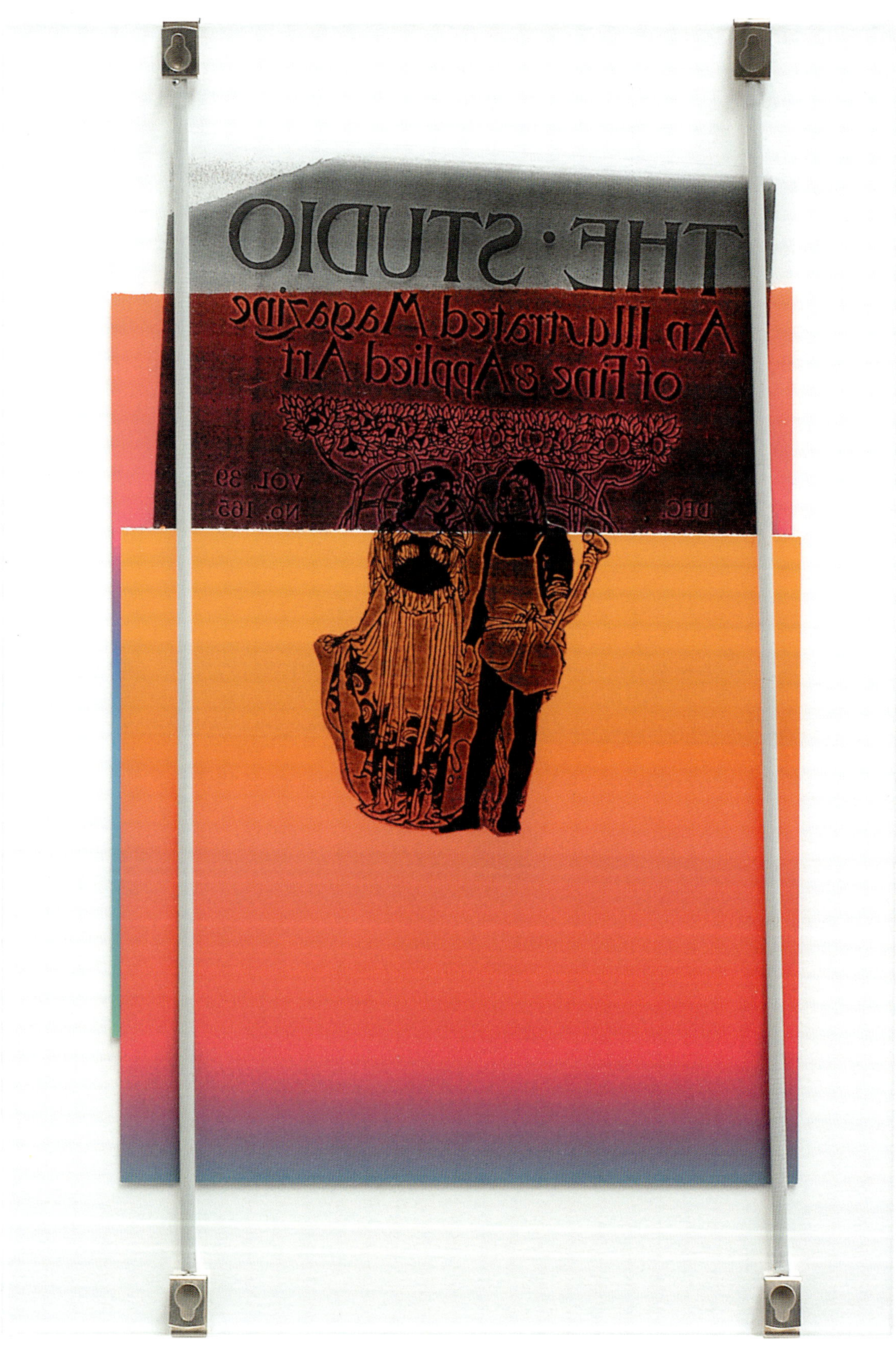
THE · STUDIO
An Illustrated Magazine
of Fine & Applied Art
VOL. 39
No. 165
DEC.

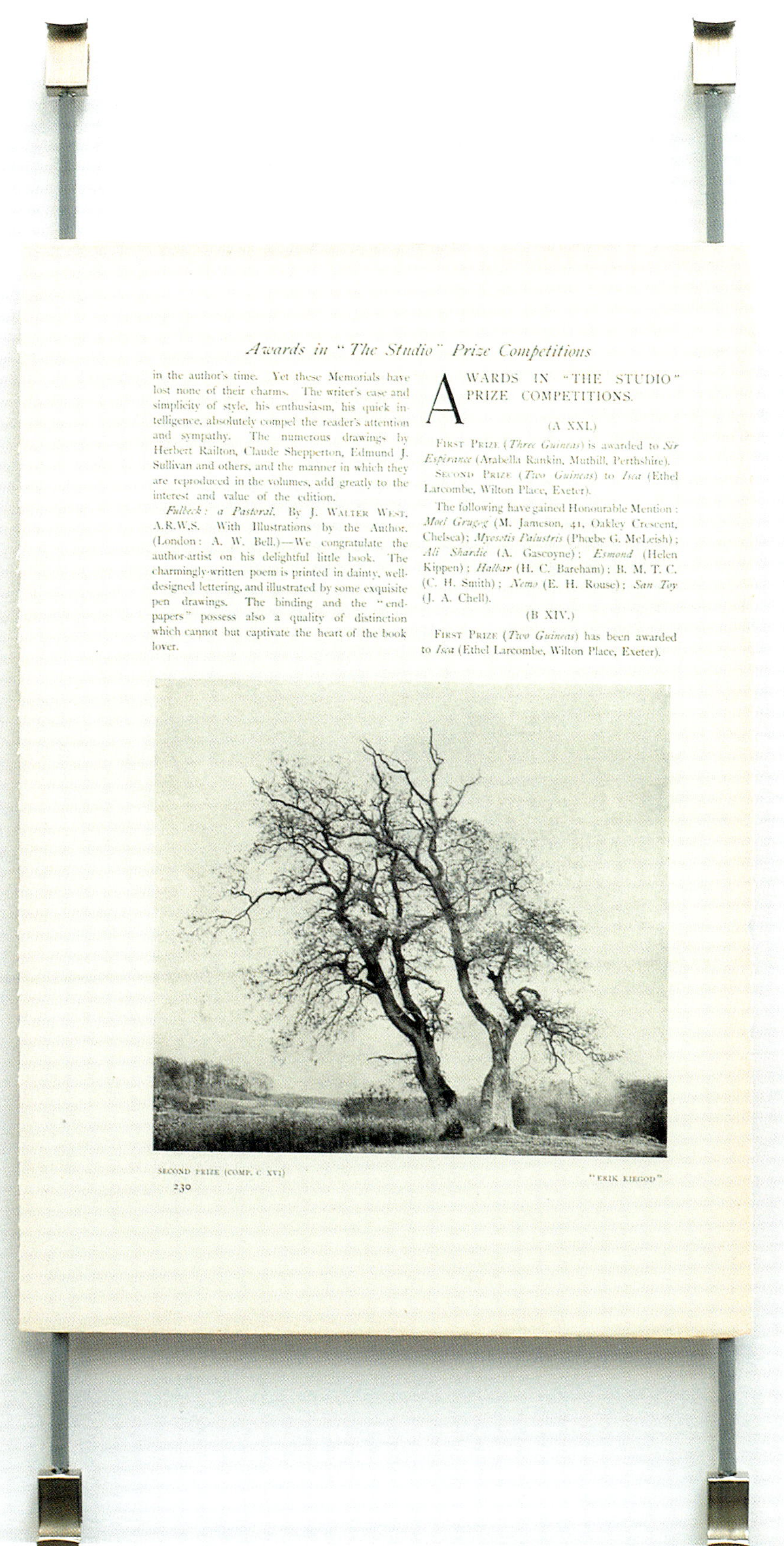

Awards in "The Studio" Prize Competitions

in the author's time. Yet these Memorials have lost none of their charms. The writer's ease and simplicity of style, his enthusiasm, his quick intelligence, absolutely compel the reader's attention and sympathy. The numerous drawings by Herbert Railton, Claude Shepperton, Edmund J. Sullivan and others, and the manner in which they are reproduced in the volumes, add greatly to the interest and value of the edition.

Fulbeck: a Pastoral. By J. Walter West, A.R.W.S. With Illustrations by the Author. (London: A. W. Bell.)—We congratulate the author-artist on his delightful little book. The charmingly-written poem is printed in dainty, well-designed lettering, and illustrated by some exquisite pen drawings. The binding and the "end-papers" possess also a quality of distinction which cannot but captivate the heart of the book lover.

AWARDS IN "THE STUDIO" PRIZE COMPETITIONS.

(A XXI.)

First Prize (*Three Guineas*) is awarded to *Sir Espérance* (Arabella Rankin, Muthill, Perthshire).

Second Prize (*Two Guineas*) to *Isca* (Ethel Larcombe, Wilton Place, Exeter).

The following have gained Honourable Mention: *Moel Grugog* (M. Jameson, 41, Oakley Crescent, Chelsea); *Myosotis Palustris* (Phœbe G. McLeish); *Ali Shardie* (A. Gascoyne); *Esmond* (Helen Kippen); *Halbar* (H. C. Bareham); B. M. T. C. (C. H. Smith); *Nemo* (E. H. Rouse); *San Toy* (J. A. Chell).

(B XIV.)

First Prize (*Two Guineas*) has been awarded to *Isca* (Ethel Larcombe, Wilton Place, Exeter).

SECOND PRIZE (COMP. C XVI) "ERIK EIEGOD"

230

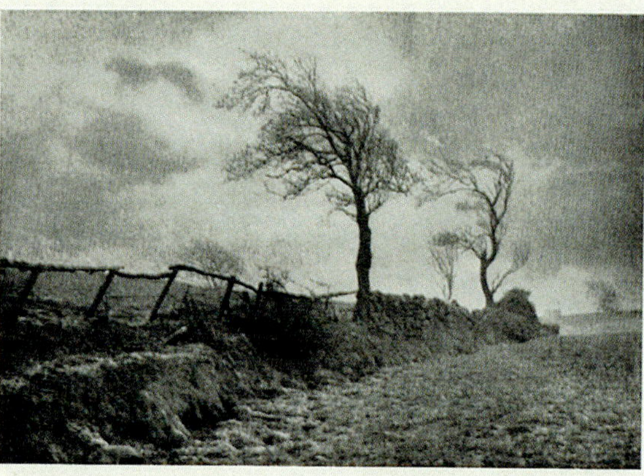

Awards in "The Studio" Prize Competitions

HON. MENTION (COMP. C XVI) "WIND"

SECOND PRIZE (*One Guinea*) to *W. Xie* (Winifred Christie, 181 Morningside Road, Edinburgh).

Hon. Mention is given to *Pan* (F. H. Ball); *Reg* (R. F. Reynolds); *Patience* (Gertrude E. Stevens); *Augustine* (Edith Mendham); *Fox* (Helena Witenius); *Ali Shardie* (A. Gascoyne); *Aboulez* (Jacques Housez); *Idiom* (Eleanor D. Matthews); *Michael* (Helen M. Mackenzie); *Kit* (Katharine Richardson); *Moth* (S. C. McKean); *Poescat* (Ida F. Ellwood); *Domingo* (Elsie M. Henderson); *Mavis* (E. J. Minett); *Chat Noir* (A. Leete); *Orbit* (J. R. Lang); *Topaz* (Mary E. Vernon); *Nutmeg* (S. Calder); *Goyay* (E. J. Bareham); *Alige* (Alice B. Newby); *Puck* (T. C. Derrick); *Clubs* (G. F. Burton); *Ivy* (Ivy M. James); *Morwenna* (Maud C. James); *Rosa* (Frances M. Whitehead).

(C XV.)

FIRST PRIZE (*One Guinea*) is awarded to *Cato* (W. Rawlings, 406, Mare Street, Hackney, N.E).

SECOND PRIZE (*Half-a-Guinea*) to *Hypo* (Miss Ford, Parkfield, Wilmslow, Cheshire).

The following are awarded Honourable Mention: *December* (J. H. Liebreich); *Longtoma* (A. Shelley); *Folio* (E. W. Bush); *Winter* (R. Waller); *Zero* (Dr. H. G. Deller); *Kaisaniemi* (Carl Jahn); *Satellite* (C. E. Wanless); *Aquarius* (Agnes B. Warburg); *Alto* (André A. Nichelot); *Aquilla* (Helena F. J. Glenny) *Os Aye* (A. Gray); *Owlet* (Mary Best); *Vlesenbebe* (Pierre de Borman); *Hoar Frost* (Amy Mallam).

(C XVI.)

FIRST PRIZE (*One Guinea*) is awarded to *Chestnuts* (R. C. Davy, The Chestnuts, Castle Hill, Maidenhead).

SECOND PRIZE (*Half-a-Guinea*) to *Erik Eiegod* (Carl Frederiksen, Norrevoldg 96, Copenhagen). This competitor has sent in a very admirable set of photographs.

Honourable Mention is given to the following: *Owlet* (Mary Best); *Cold Winter* (A. Guder); *Yaffti* (C. H. Gomner); *Omar Khayyám* (J. P. Steele); *Snö* (Carl Jahn); *Woodland* (C. E. Wanless); *La Neige* (Miss Jameson); *Angus* (P. S. Colledge); *Betty Blue* (Bessie Stanford); *Silver Birch* (T. L. Cooper); *Aquarius* (Jeanie Smith); *Sepia* (E. Bayliss); *Betty* (Bessie Eldred); *Pinco* (Carlo Baese); *Quekett* (G. T. Harris); *Italia* (H.H. The Ranee of Sarawak); *Mark B* (G. H. Wood); *Zero* (Miss G. J. M. Hopkins); *Innocent* (D. Dunlop).

231

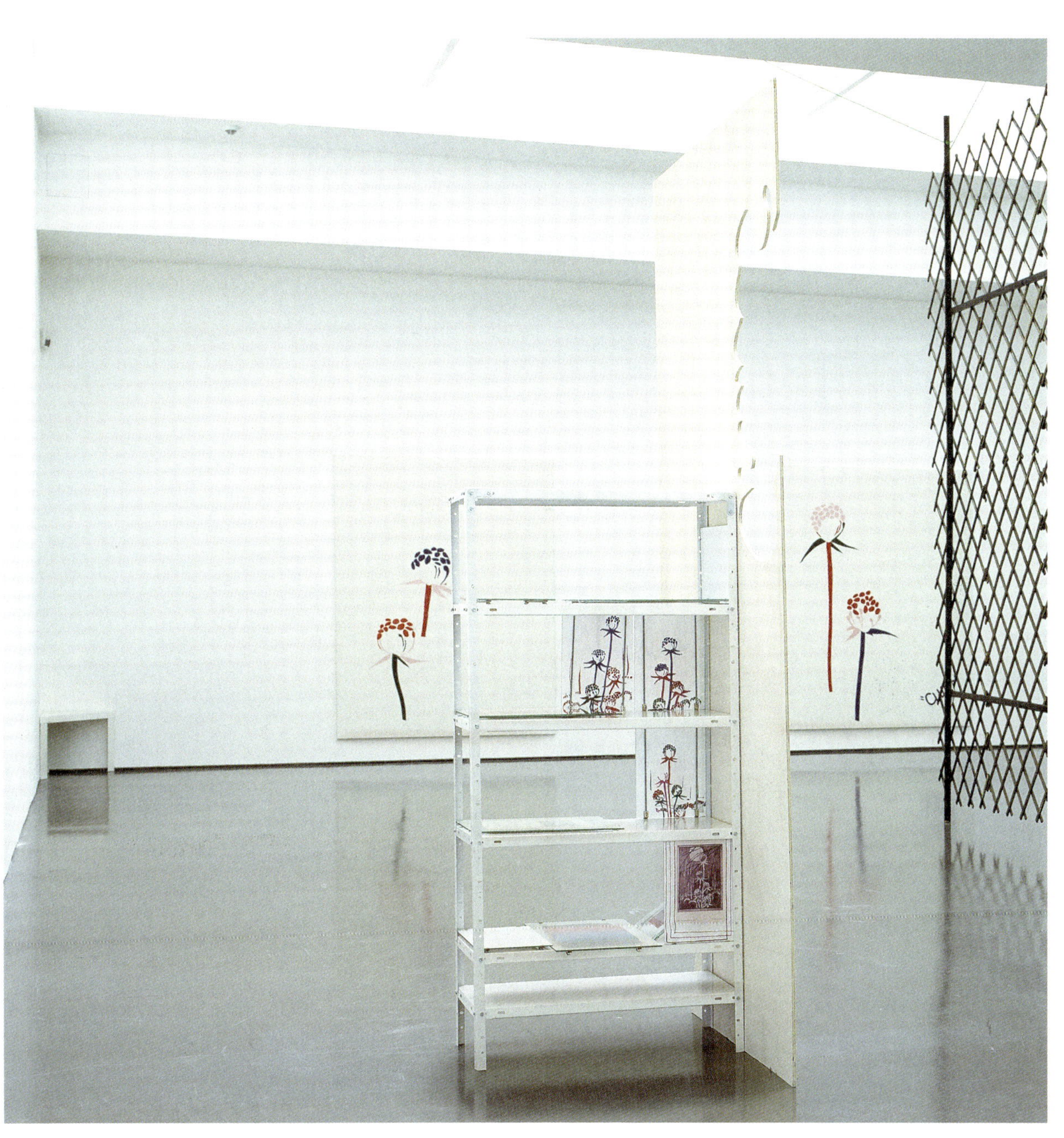

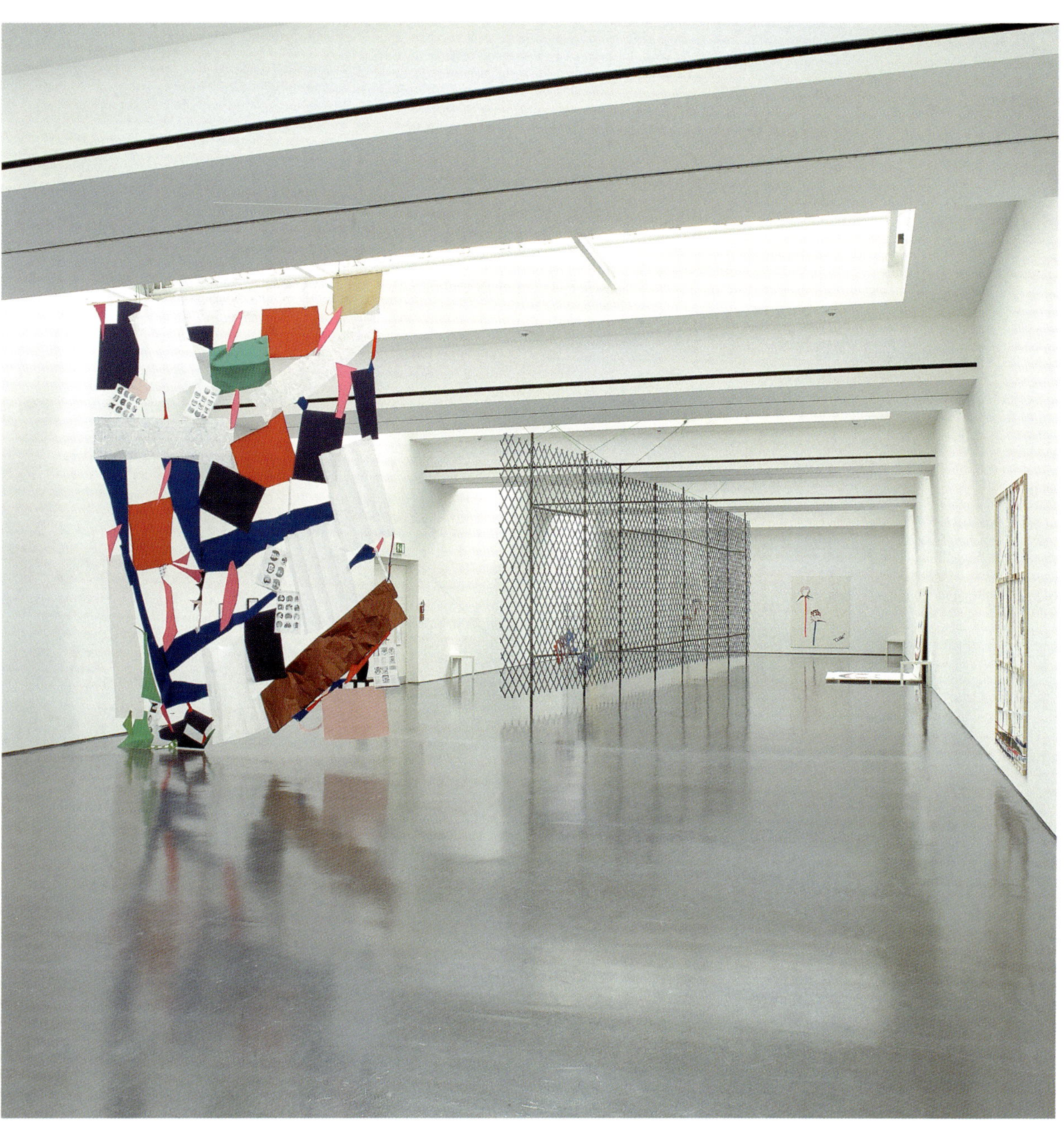

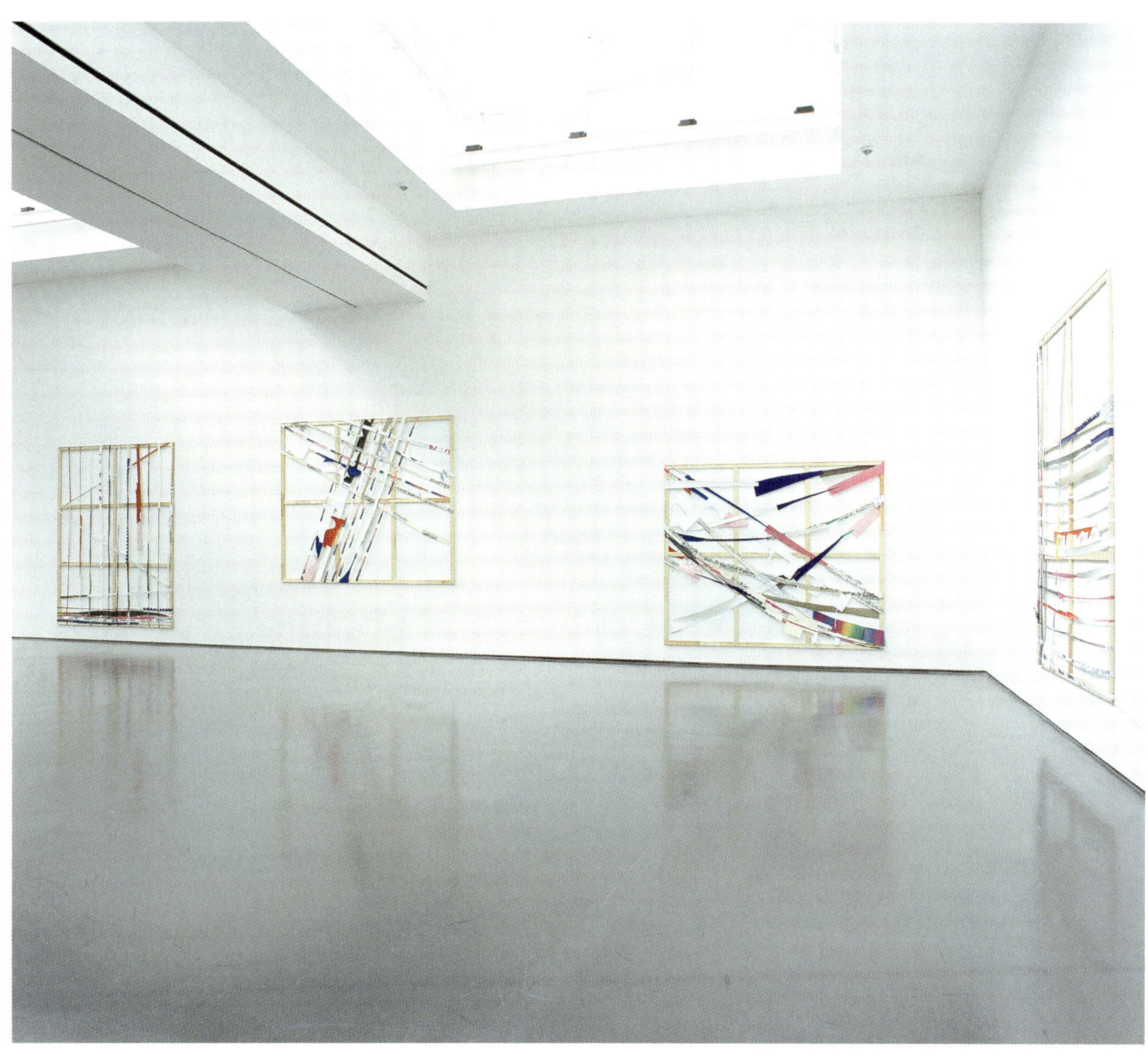

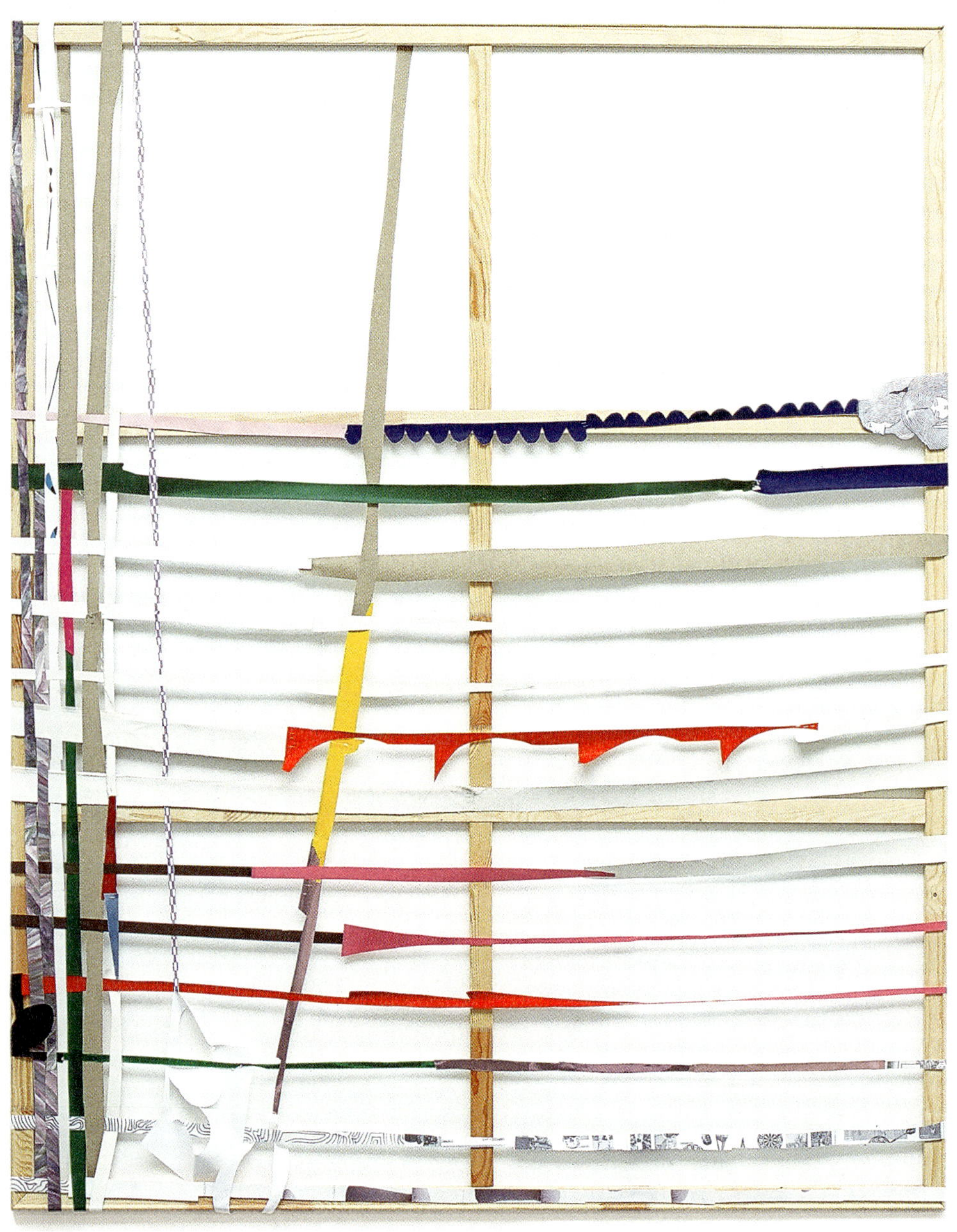

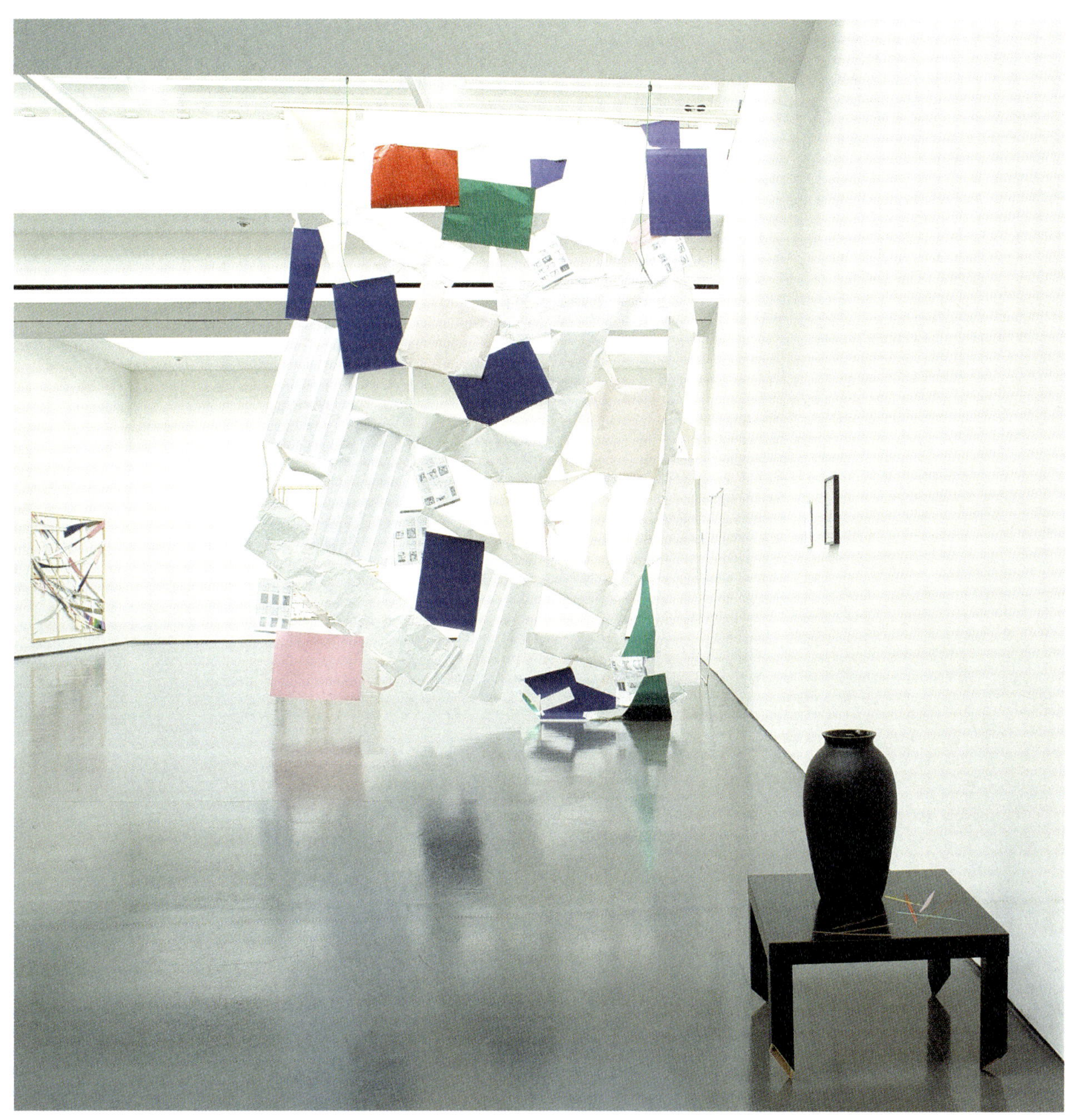

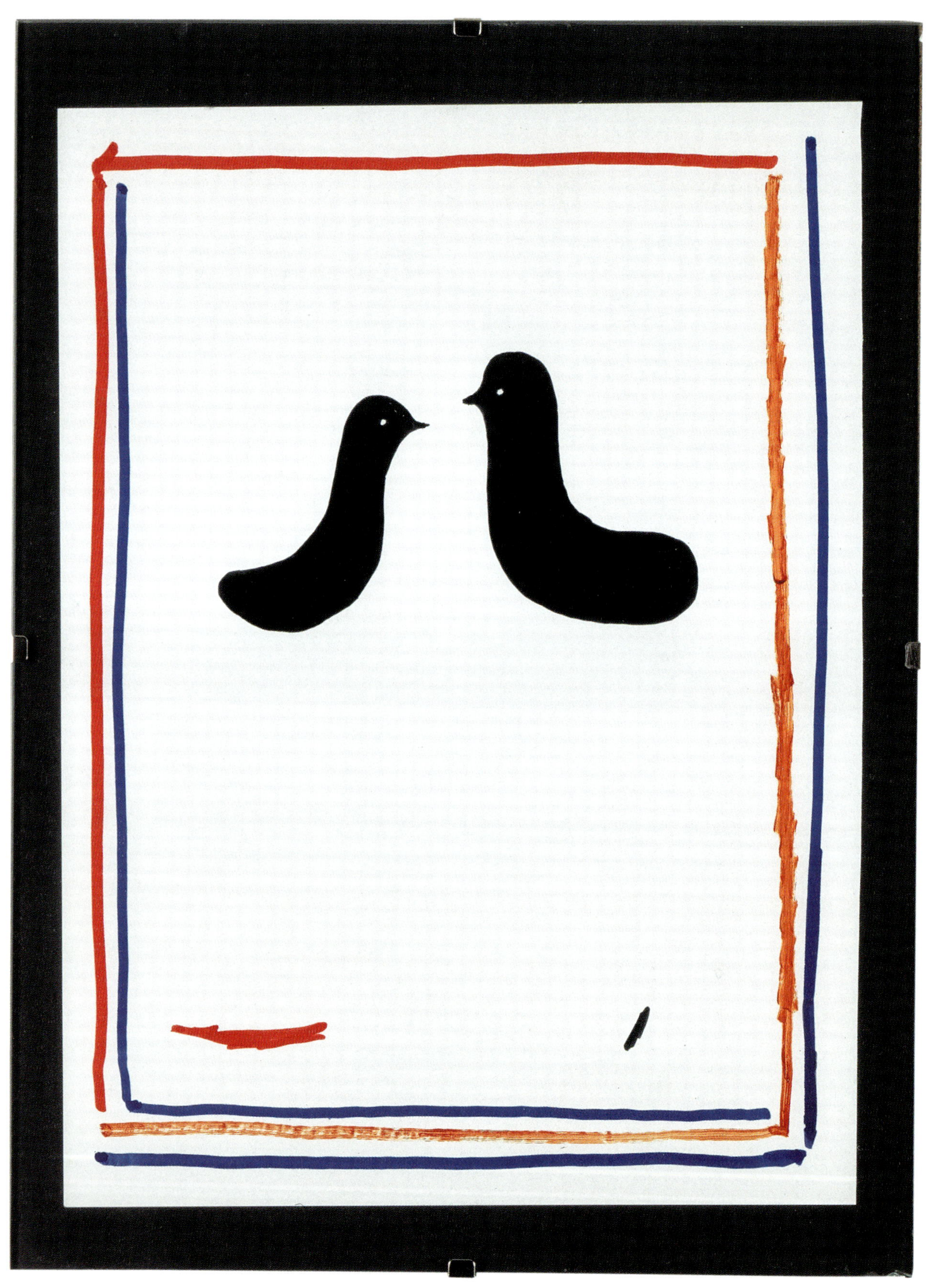

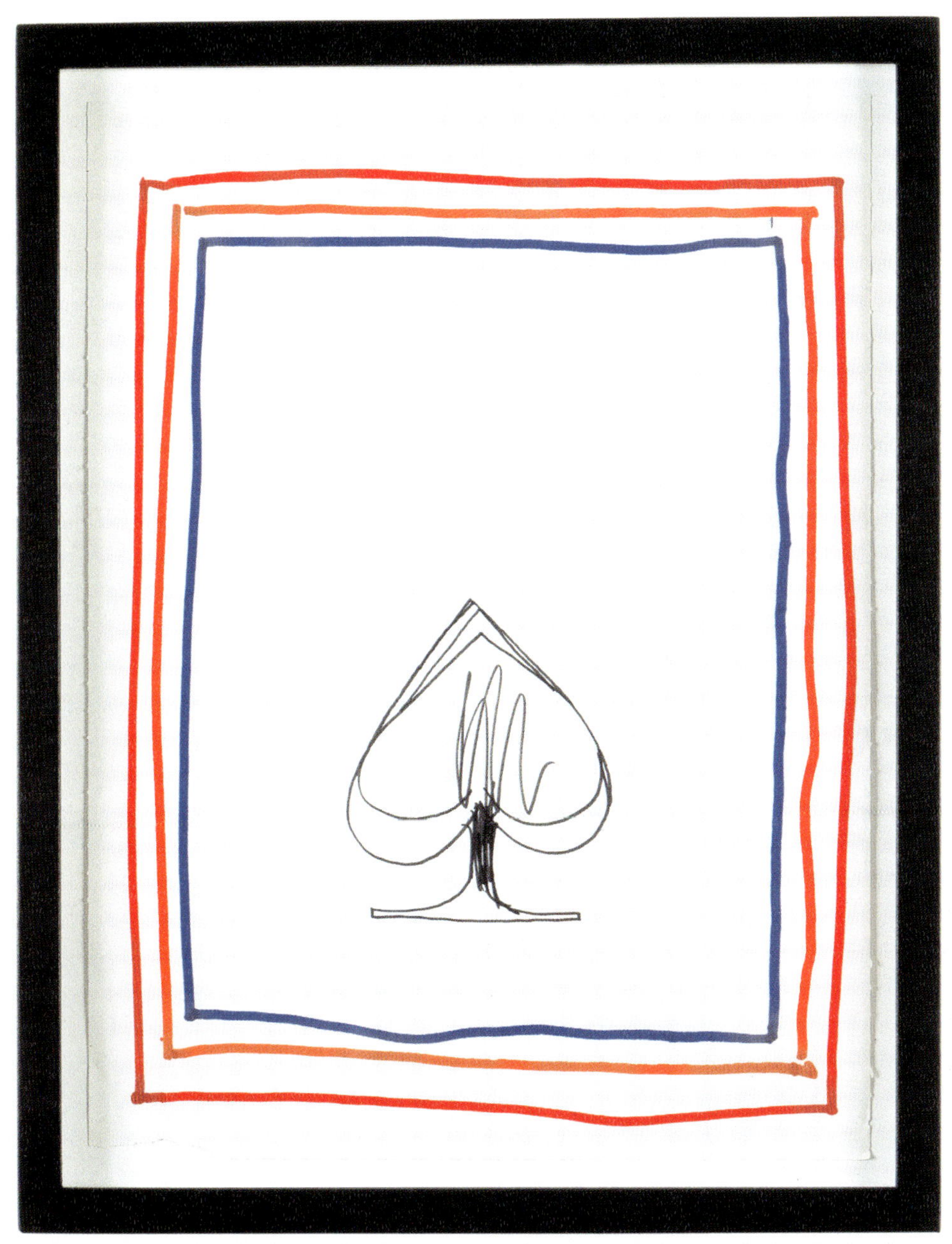

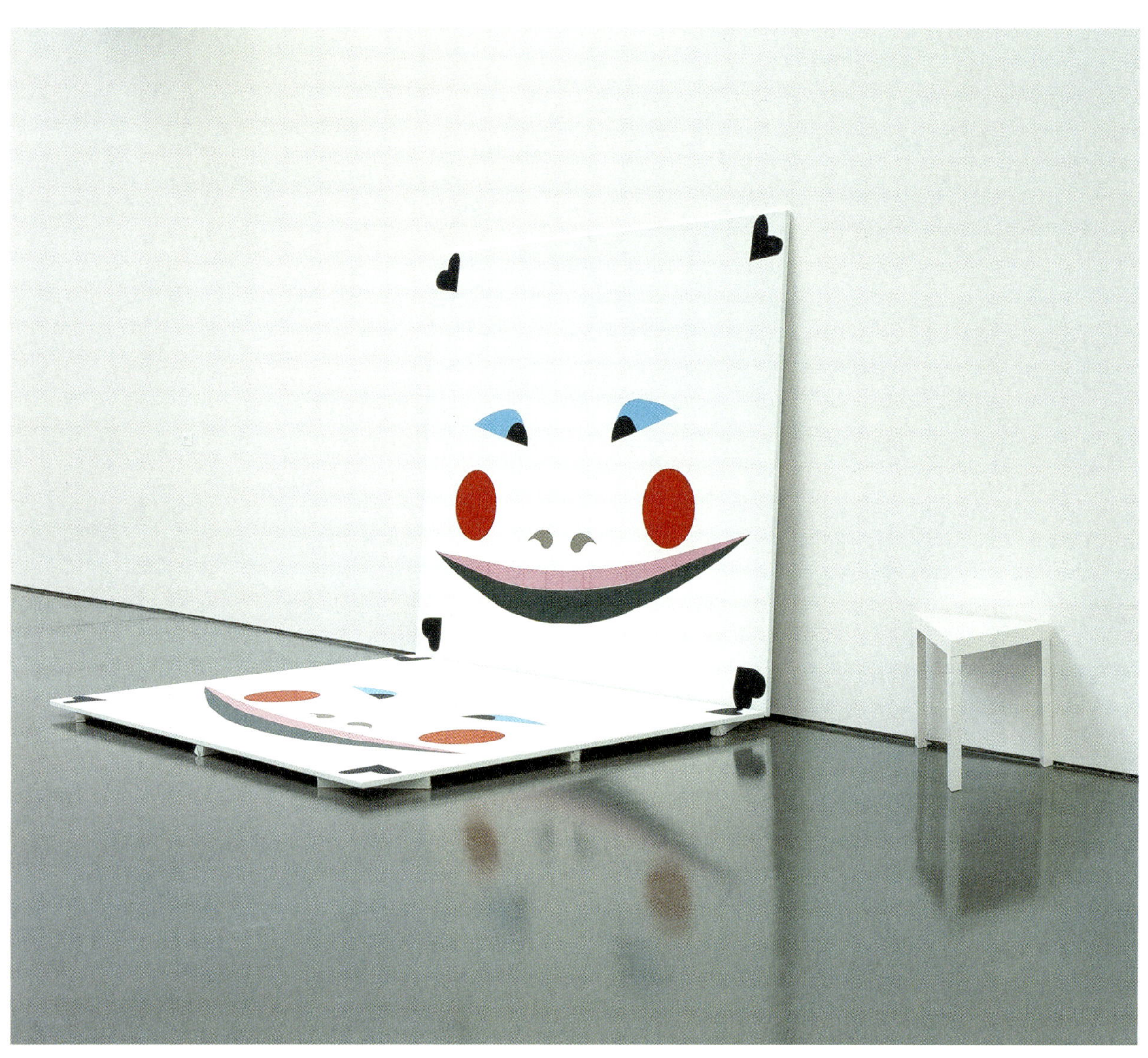

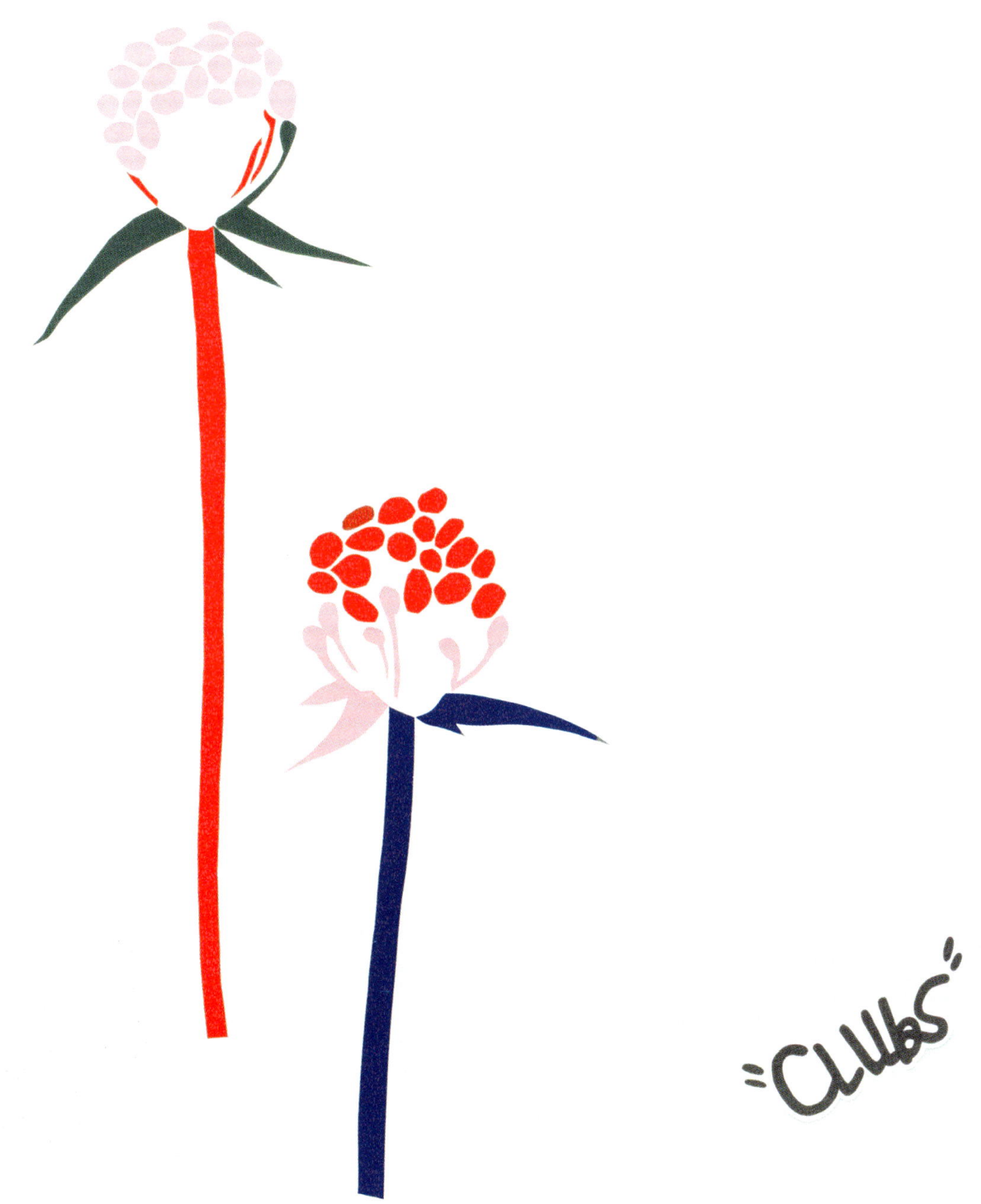
"CLUBS"

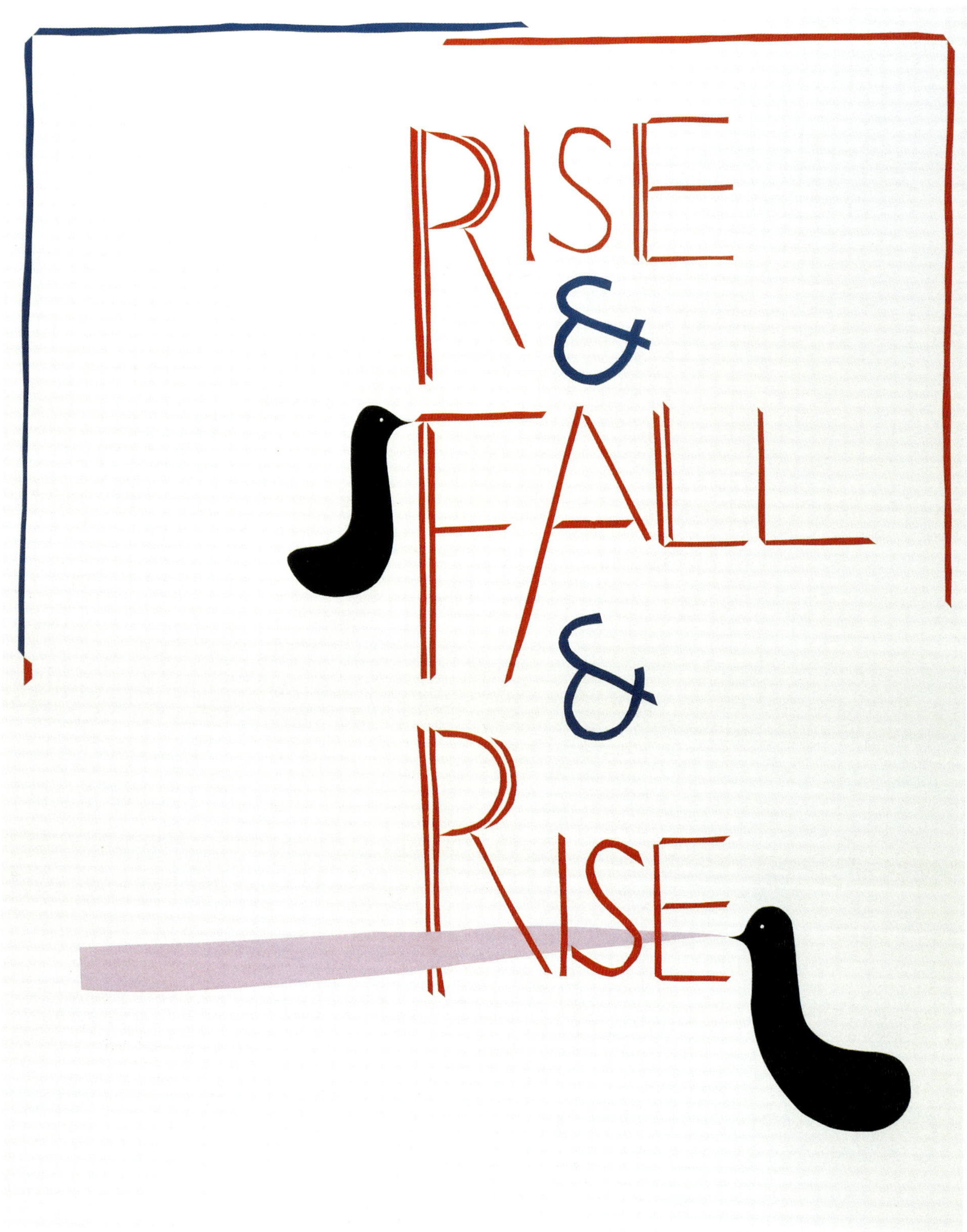
RISE
&
FALL
&
RISE

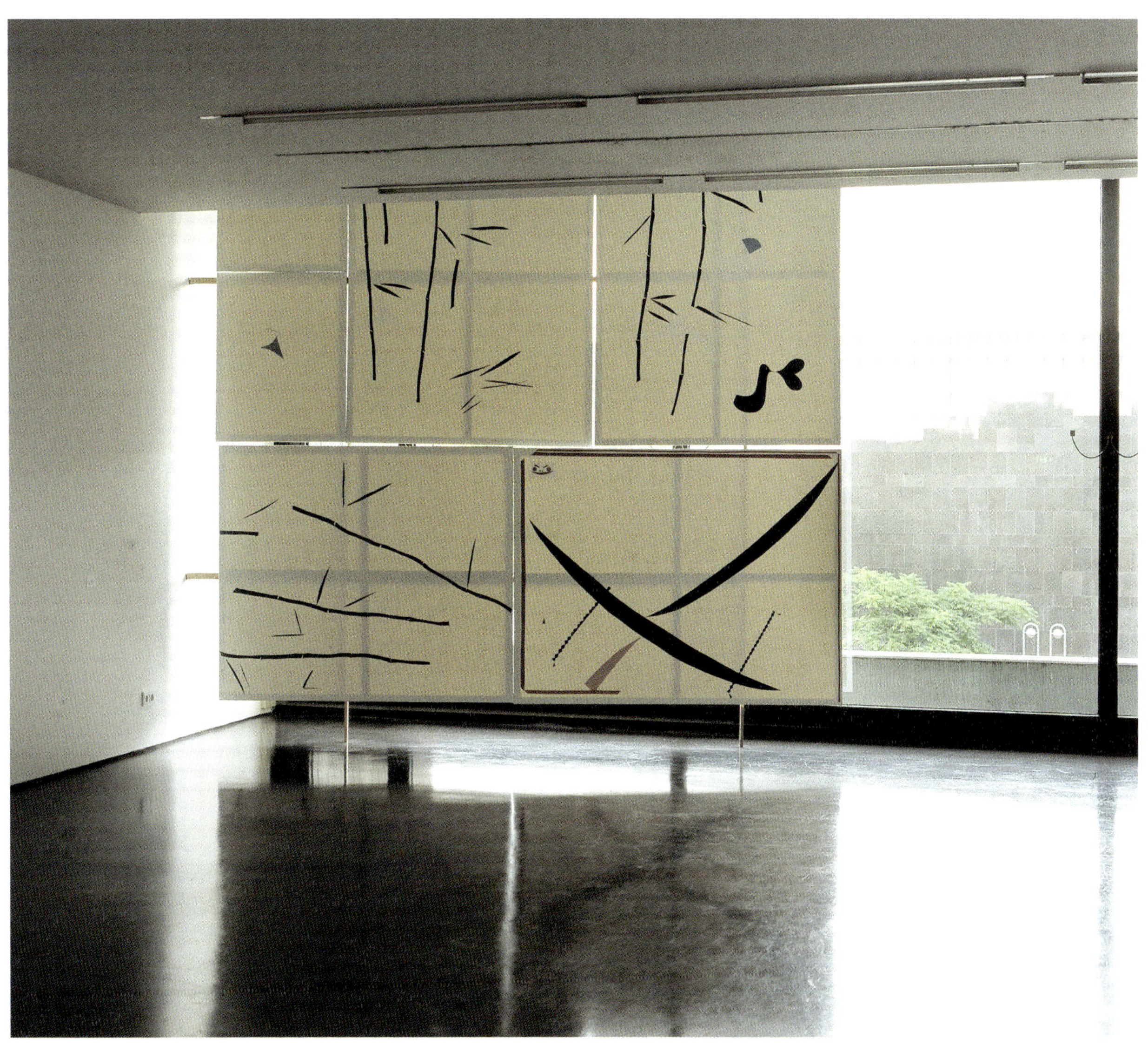

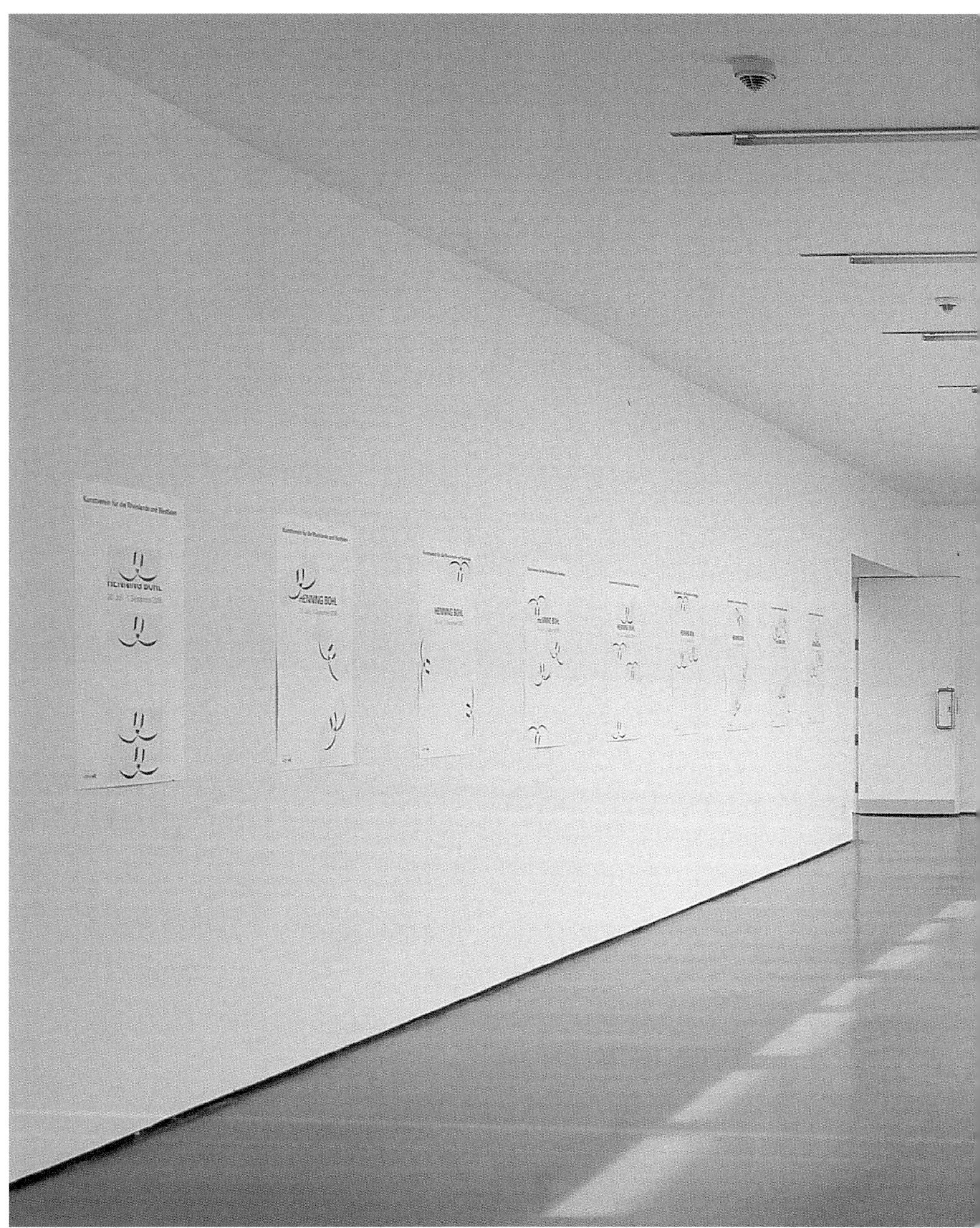
HENNING BOHL

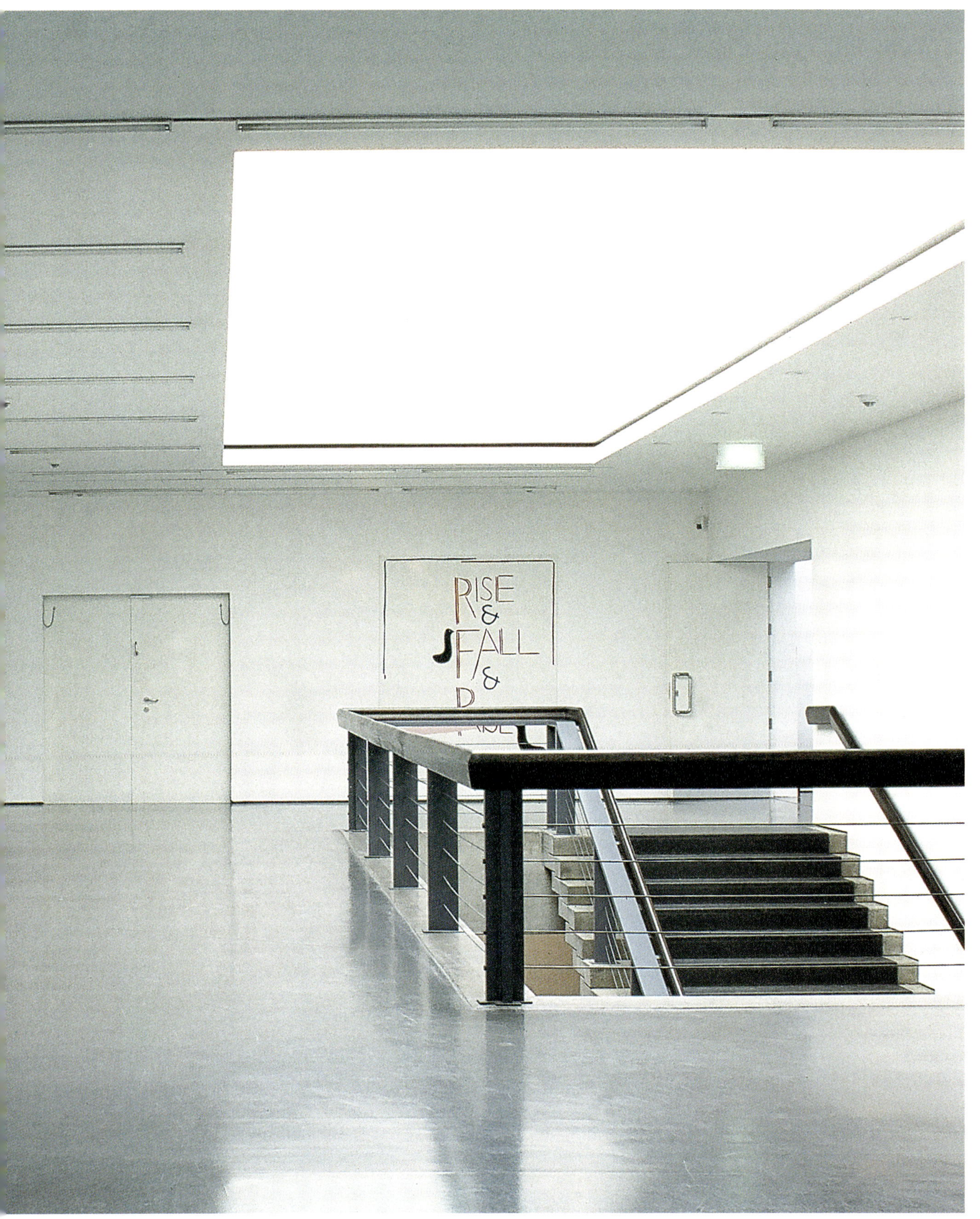
RISE
&
FALL
&

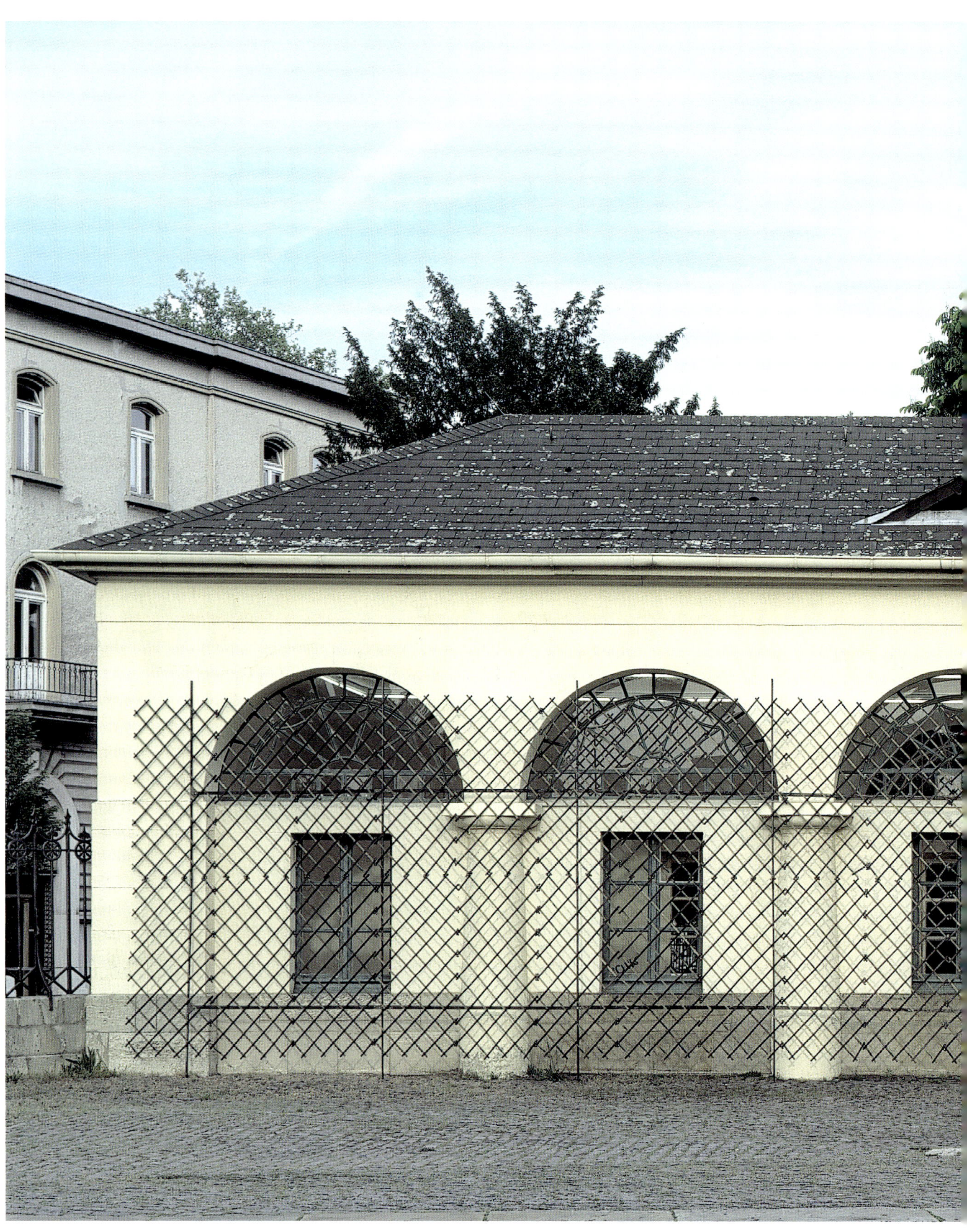

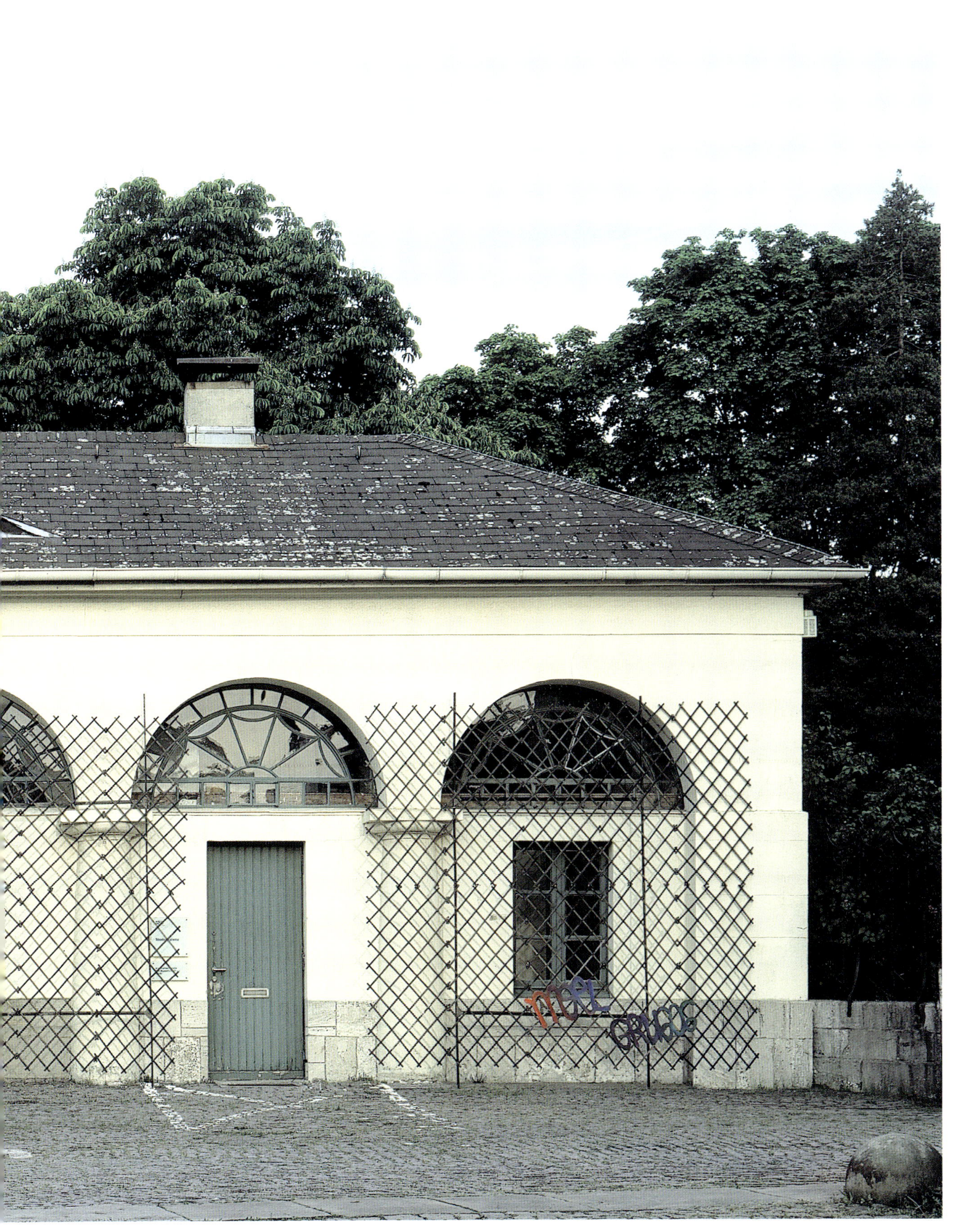

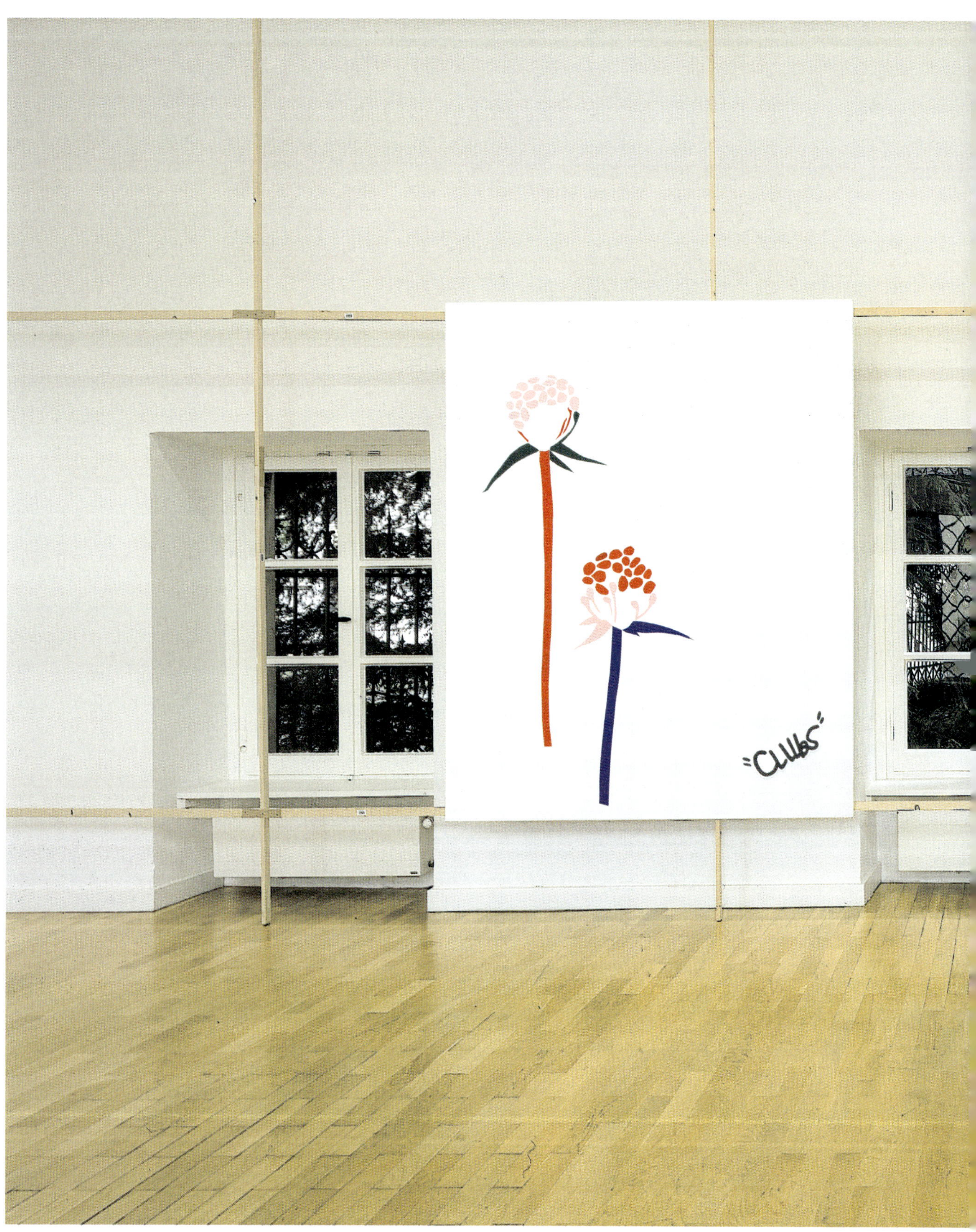
CLUBS

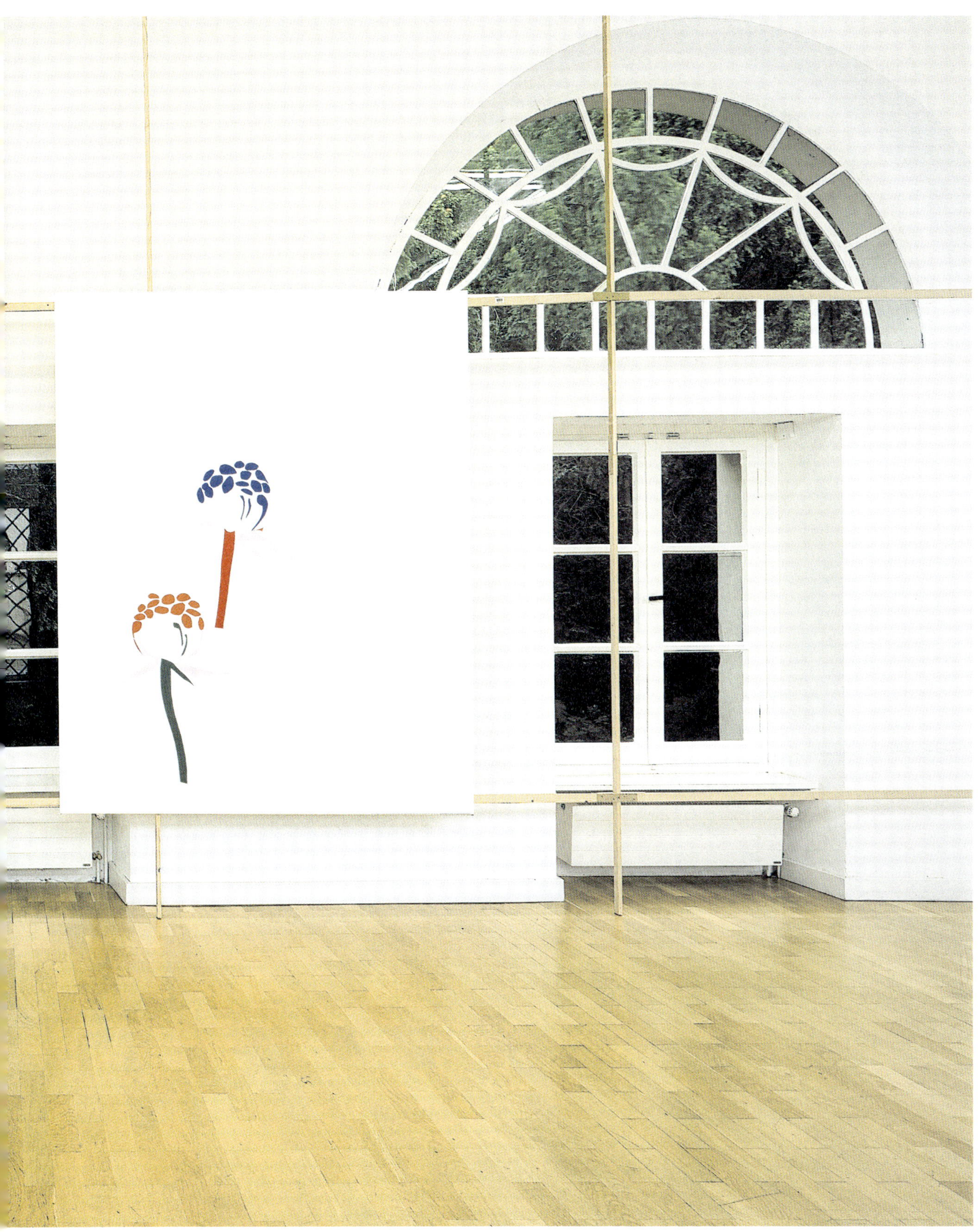

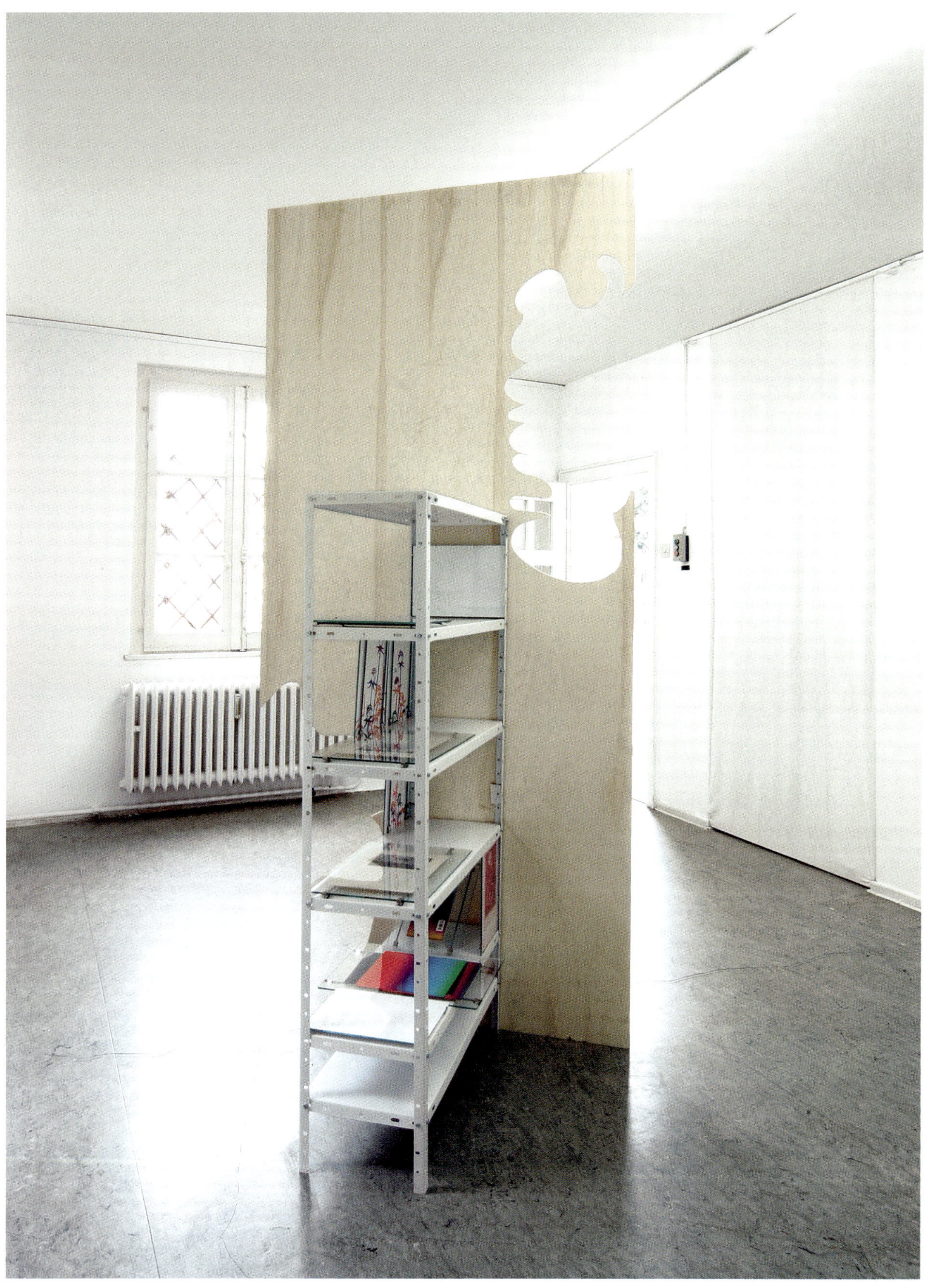

ÉDITION SPÉCIALE
AVEC TRADUCTION FRANÇAISE

THE · STUDIO

An Illustrated Magazine of Fine & Applied Art

APRIL 15, 1902

VOL. 25
No. 109

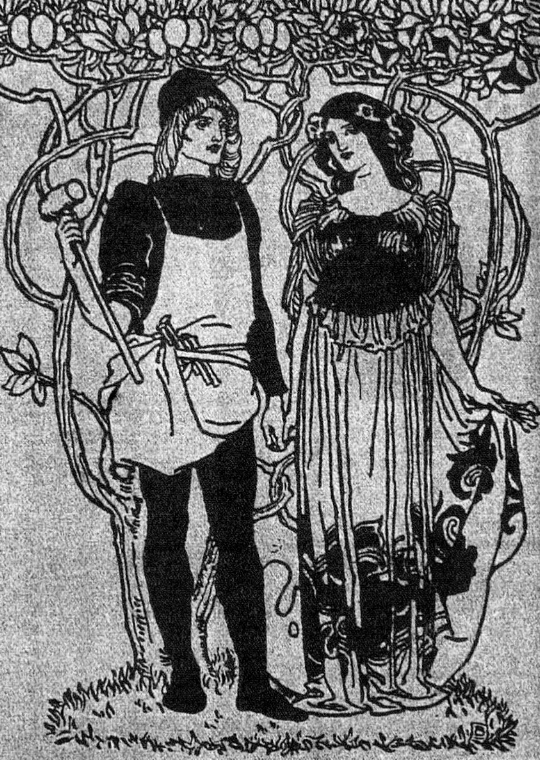

44 Leicester Square

LONDON

Monthly

1s/-

BUREAU DU STUDIO
PARIS:
LIBRAIRIE OLLENDORFF
50 CHAUSSÉE D'ANTIN
PRIX: 1 FRANC 50c NET.
ABONNEMENT: 20 FRANCS

THOMAS BAYRLE

...WENN DU IN DAS FETT DER GESELLSCHAFT EINDRINGST...

Gottfried Sempers Satz: „Alles Bauen kommt vom Weben" hatte mich seiner Zeit wirklich vom Hocker gerissen. – Auf einmal war der Stoff / die Leinwand, die vor mir lag, mehr als eine gewebte Fläche. Jetzt war dieses Gewebe ein Relief, eine dreidimensionale, flache Skulptur. – Lange vor diesem Satz schon hatte mich die rigide Bindungsstruktur von gewebten Stoffen begeistert. Simple Folgen von sich rhythmisch endlos wiederholenden Raufs und Runters machten aus zartesten, individuellen Einzelfäden eine feste Gesamtstruktur. Körper – Atlas – Leinen – etc... waren Gewebe, deren Anblick in mir Fantasien von unendlichen Stadtlandschaften mit Millionen von Behausungen und Straßen auslösten..., in denen ich mich verlieren konnte und wollte. – Die feinen Strukturen stellten aber auch einen akustischen Anschluß zu dem großen „Sing-Sang" her, der für mich noch viel wichtiger war: zum Rosenkranz, dem rhythmischen Takt von Eisenbahnschwellen, Steve Reich und dem Beat von schweren Dieselmotoren...

„Gesellschaftlich" war ein Jacquard-Gewebe – z.B. ein Sonnenblumenstoff – noch viel komplexer, als diese einfachen, monotonen Wiederholungen. Indem Hunderte von verschiedenen Bindungskonstellationen jeden cm^2 als kleines Universum auswiesen, reproduzierte dieses Bindungsgewirr in meiner Vorstellung eine Art „Mikro-Demokratie" mit vielen Variationen. – Während Gottfried Sempers Vorstellung vom Weben als Bauen von afrikanischen Matten über Schilfdächer, Holz/Lehm-Wände, Fachwerkbauten bis in das Reich der Teppiche reichten – liegt es heute nahe, diese Web- und Geflecht-Assoziationen auf fast alles auszudehnen, was uns umgibt. Gitter, Raster, Raumteiler und das gesamte System von gespeicherter Information... und damit sind wir bei Henning Bohl...

Tätigkeiten wie: dröges Nachrichtenmaterial abtasten, in Biografien wühlen, abgewohnte Zimmer betreten, bräunliche Fotos betrachten, aus denen dunkle Augen aus schönen Gesichtern schauen... ausgetrunkene Cappuccinos und ausgelesene Zeitungen auf Tischen in italienischen Bars wegrücken... die Plastiktüten gehören in den Schrank!... bluerrr... Schneiden, Schnipseln, sich zwischen Positiv und Negativ nicht entscheiden können... Blätter vollschreiben... Müll bewegen, das Einzelne ins Ganze kippen und umgekehrt, auftürmen, aussortieren... weglegen und wieder herauskramen... sind die üblichen Massagetechniken zum Finden von einzelnen Partikeln in Haufen von verstricktem, komplexem Material...

Aber was sagen solche Tätigkeiten wirklich aus? Ich denke, solche Handlungen aufzuzählen ist immer hinterher... Die Frage muß sein: Wo kommt ein künstlerisches Handeln her? Was treibt es an? Was sind die Parameter? In einem Gespräch sagt es der Künstler selbst: „Der ganze Überbau ist eine Art Maschine oder Treibstoff, um eine Produktion anzustoßen – und die Thematik eher ein Diskurs um die Arbeiten herum und auch ein System für mich selbst, einen Überblick zu behalten."

...BILDEN SICH HOHLRÄUME...

In einem Energiefeld sind alle Punkte gleich wichtig oder unwichtig. Entscheidungen, ob ein Element aus dem Universum der Möglichkeiten herausgehoben oder in dieses abgesenkt wird – müssen anders initiiert werden, als es innerhalb der Werteskala analoger Hierarchien möglich war.

In einer Wiese, einem Roggenfeld ist die Frage nach dem „schönsten Grashalm" obsolet. – Hier entsteht zwangsläufig ein anderer Sortierprozeß und andere Formen von Akkumulation. – Ähnliche Verhältnisse herrschen in der Massenproduktion / -konsumption / -kommunikation, seitdem die Griesbreitöpfe übergelaufen sind – und buchstäblich alles überschwemmt haben. Der / das beste / der / das schlechteste Auto / Lippenstift / Abitur muß sich anders ermitteln lassen als bisher. Ich denke, ein Auswählen in Uferlosigkeit bedeutet irgendwie den Zusammenfall vom Detail mit der Universalität, aus der es selbst entsprungen ist / dessen Bauteil es aber auch ist. Individualität durch diese Brille gesehen, hat in dieser Konstellation nichts mehr mit jener frischfröhlichen Kreativität oder völlig „freien Intuition" zu tun, die bisher der Pilot war, „das Flugzeug zu lenken". – Jetzt geht es mehr um ein unaufgeregtes, angstloses Einschalten aller Empfindungsebenen gleichzeitig... ein Auslaborieren / kein Relativieren / bei dem jeder Eingriff ins Einzelne Folgen für das Gesamte hat. An der Mentalität von Henning Bohl und einigen seiner Künstlerkollegen ist so ein Bewußtsein zu erkennen. – Vielleicht ist ein ständiges Abscannen / Abgleichen ihrer inneren mit ihrer äußeren Umwelt das, was sie fähig macht, aus dem Plankton von Möglichkeiten auswählen zu können, was / wie / wann mit wem zusammenkommt. – Ohne Abstriche an analoger Wachheit, wurde das frühere Individuum so „umgesetzt" – daß es fähig wurde, quantitativ zu entscheiden – aus der kollektiven Bewußtseinsmatratze ständig „Fäden heben oder senken zu können". – Je nach persönlichem Programm fallen so Entscheidungen als dauernd wechselnde Quersummen eines bestimmten Momentum aus, welches den Künstler überwältigt zu sagen: ja, das will ich oder nein, das will ich nicht. – Hier ist Schluß mit „originellem Gestalten"... amorph wie Wassermassen drängen hier Ideen, Vorstellungen, Muster – als Ströme gleichwertiger Partikel – innerhalb immer anderer Koordinaten – ins bewußte Entscheidungsfeld ein... tauchen auf... materialisieren sich... tauchen wieder ab... und verschwinden in den Tiefen des Bewußtseins...

... naee... gestern Abend auf einem Platz, einer Autobahnüberführung gewesen. Tausend zuckende Pünktchen im gleißenden Neonlicht. Aerobik...mit Beinchen... Schühchen... Ärmchen... unter einem Billboard mit einem riesi-

gen, ausgeschnittenen, lachenden Mund... Henning Bohl in Peking ganz normal! Zikaden kreischen... Fassadenraster vertikal... Bodenplatten horizontal... buyabuyabuyabooo. McDonald's macht Chinesen froh... Mickimickimickimooo
so so...

...DIE SICH SOFORT HINTER DIR WIEDER SCHLIESSEN...

TB, Peking 30.07.05

...WHEN YOU PENETRATE THE FAT OF SOCIETY...

Gottfried Semper's phrase "all construction comes from weaving" really bowled me over at the time. – All of a sudden the material / canvas in front of me was more than just a textured woven surface. Now the woven texture was a relief, a three dimensional flat sculpture. – Long before I'd heard these words, I'd been amazed by the rigid bonding structure of woven material. Simple sequences of rhythmically endless, repetitive ups and downs, rendering the most delicate single thread into a firm, integrated structure. Body – atlas – linen, etc. were fabrics, the sight of which would trigger images in me of endless cityscapes with myriad dwellings and little streets ... in which I could and would lose myself. The fine structures also provided an acoustic connection to the great big lilting "sing-song", which was more important for me: to the rosary, the rhythmical time signature of the railway sleepers, Steve Reich and the beat of heavy diesel engines ...
A piece of Jacquard weaving was "societal" – e.g. sunflower material – but much more intricate than these simple, monotonous repetitions. In the way that hundreds of different constellations of knots transformed every square centimetre into a miniature universe, so too did this thicket of connections in my imagination reproduce a sort of "micro-democracy" with many variations. While Gottfried Semper's vision of weaving as construction extended from African mats via thatched roofs, wood and loam walls and half-timbered houses all the way into the realm of carpets, it is obvious nowadays to apply this weaving and wickerwork association to almost everything surrounding us: fences, rasters, room dividers and the whole system of data storage ... bringing us to Henning Bohl ...

Activities such as: tedious sifting of news material, poring over biographies, entering shabby rooms, looking at brown-tinged photographs, from which dark eyes stare out of beautiful faces ... pushing away finished cappuccino cups and discarded read newspapers from tables in Italian bars ... plastic bags belong in the cupboard! ... blerrgh ... cut, snippet, be unable to decide between positive and negative ... fill the page with writing ... move rubbish, pour the individual into the whole and *vice versa*, pile high, sort out ... put away and get out again ... these are the usual massage techniques for finding single particles in piles of knotted, clotted complex material ...
But what do such activities actually tell us? I think that to list such activities is always an "after the event" affair ... the salient question must be: where does artistic behaviour spring from? What drives it? What are its parameters?
The artist spells it out himself in an interview: "The whole superstructure is a kind of machine, or fuel to kick a production into motion – and the theme more of a discourse around and about the work itself and also a system for me to maintain an overview."

... HOLLOW SPACES OPEN UP...

In an energy field all points are important, or unimportant. Decisions about whether a particular element should be extracted from the Universe of The Possible or left to submerge, need to be initiated in other ways than were possible hitherto within the value scales of analogue hierarchies. In a meadow, a field of rye, the question as to which is the most beautiful blade of grass, is obsolete. You necessarily get a different sorting process and other forms of accumulation here. Similar conditions obtain in mass production / consumption / communication ever since the porridge bowls overflowed and quite literally inundated everything. The best / worst car / lipstick / set of A Level results needs to be evaluated in different ways than before. I think that choosing from the limitless means somehow the collapse of detail into that very universality, from which it has been derived / of which it is a constituent part. If you look at individuality through this perspective and in this context, it doesn't have anything to do with that fresh, chirpy creativity or complete "free intuition", which hitherto had been the pilot, "guiding / steering the plane". – Now it's more about simultaneously engaging all levels of sensibility calmly and fearlessly ... a working out / not relativising, in which every intervention into individual detail will have consequences for the whole. It is possible to discern this level of consciousness in the mentality of Henning Bohl and some of his colleagues. – Perhaps it is a perpetual scanning / comparing of the inner with the outer world that allows them to make choices amidst the plankton of The Possible as to the convergence of what / how / when and with whom. – Without doing down the value of analogue alertness, yesterday's individual was "implemented" in such a way, that he / she was capable of deciding quantitatively, whether "to lift threads from the collective mattress of consciousness or let them fall". – Depending upon one's personal programme, such decisions occur as a constantly changing sum of a particular momentum, which the artist must overcome in order to proclaim: yes, that's what I want or no, I don't want that. Forget "original design" here ... amorphous, like a mass body of water, ideas, imaginings, patterns all force their way – as currents of equivalent particles within perpetually alternating co-ordinates – into the conscious field of decision-making ... they emerge ... materialize ... submerge again ... and finally disappear into the depths of the conscious ...

... naee ... was at a place yesterday evening, a motorway bridge. A thousand flickering dots in the glistening neon. Aerobics ... with little legs ... little shoes ... little arms beneath a billboard with a gigantic, cut-out, laughing mouth ... Henning Bohl in Peking, as if it were the most natural thing in the world! Screeching cicadas ... vertical patterned façades ... horizontal concrete slabs ... buyabuyabuyaboh. The Chinese love McDonald's so ... Mickimickimickimoh
ho ho ...

... AND IMMEDIATELY CLOSE BEHIND YOU ...

TB, Peking 30.07.05

HENNING BOHL IM GESPRÄCH MIT KATHLEEN RAHN

Kathleen Rahn: In Deiner Arbeit beziehst Du Dich auf Referenzpositionen, durchstöberst die Kunstgeschichte nach Figuren, Persönlichkeiten, Biografien. Wer sind diese Figuren und welche Rolle spielen sie für Dich und Deine Arbeit?

Henning Bohl: Für mich bedarf es einer vorhandenen Konstruktion, um eine Arbeit zu beginnen, also daß ich auf etwas stoße, was schon da ist und das eine Struktur mit sich bringt, an der sich meine Fragestellungen bilden. Von hier aus erarbeite ich verschiedene Inhalte, die sich auch wieder sehr weit von dem Ursprung entfernen können. Das sind zum Beispiel Biografien. Hier interessieren mich nicht nur Personen wie Anni Albers oder Aubrey Beardsley, sondern vor allem auch die Rezeptionsgeschichte dieser Künstler selbst, also wer sich wann und warum für sie interessiert hat.
Die ersten Arbeiten, die Biografien anderer aufgriffen, waren eine Art Hommage an Exilantinnen des Dritten Reiches. Mich faszinierten die Lebensläufe von Bauhausweberinnen, wie es ihnen gelang sich in Amerika ein neues Umfeld aufzubauen. Und, daß es trotz der Umstände auch eine Bereicherung darstellte, für beide Seiten. Meine Lieblings-Bauhausweberin, Trude Guermonprez, kam zum Beispiel nach Pond Farm, eine Künstlerkommune in Guerneville / Kalifornien, wo sie einige Jahre sehr produktiv arbeiten konnte, bevor sie an das Black Mountain College wechselte.
Dies war der Ausgangspunkt für eine ganze Reihe von Arbeiten, zum Beispiel auch über die alternative Architektur der siebziger Jahre, für die Pond Farm und das Black Mountain College prototypisch waren. Dann habe ich eine CD gemacht, *The Exilantinnen Song Book*, in die viele dieser Phänomene eingeflossen sind. Das Format des Singer-Songwritings war geeignet, diese Exilthematik mit kurzlebigen Summerhits wie Dante Thomas' *Miss California* zu verbinden, dessen Zeile „all these things are nice, but it's not why I'm here" mir viel mehr von dem Schicksal der ins Exil Getriebenen zu erzählen schien, als von dem reichen Mädchen, das Thomas besingt. Diesen Widerspruch fand

ich sehr bezeichnend, daß sie aus schwerwiegenden Gründen dorthin kamen und die Situation in Deutschland mehr oder weniger ohnmächtig verfolgen mußten, sie zugleich aber in Kalifornien sehr idyllische Zustände vorfanden. Die Beschäftigung mit dieser Thematik hat bei mir zu einer verklärten imaginativen Vorstellung von Kalifornien geführt, zumal auch eine vergleichsweise jüngere Generation kalifornischer Künstler mich begeistert.

KR: Hier könnte man Mike Kelley nennen, den Du direkt in Deiner Arbeit *Toward a Coffeetable Book* zitierst.

HB: Ja, genau, Mike Kelley ist mir wichtig, da er immer versucht hat, seine Version von Geschichte nicht aus der Hand zu geben, vor allem auch die der verschiedenen Subkulturen, die er miterlebt hat. Zum Beispiel hatte er in den siebziger Jahren einen Vortrag über Peter Saul ausgearbeitet, der jedoch nie gehalten wurde und dessen Manuskript später als Edition für *Texte zur Kunst* Verwendung fand. Zu diesem Zeitpunkt war Saul aber bereits selber schon wiederentdeckt worden und der Vortrag im Grunde überflüssig. Kelley hat dann ein kopiertes Faksimile des Manuskripts in einer Papphülle auf einem dreieckigen Ikea-Tisch präsentiert. Also die „loweste“ Form von Coffeetable Book auf der „lowesten“ Form von Coffeetable. Das hat mir gefallen, weil es so nebenbei abhandelt, wie man mit seiner eigenen Theorieversessenheit umgehen könnte und auch mit den schnellen Verfallsdaten von Research.
Ich habe dann die Tische übernommen, wegen ihrer etwas doofen skulpturalen Qualität und sie in ihrer Funktion als Ecktische benutzt, um die Ecken des Ausstellungsraumes zu markieren.

KR: Um Markierung von Grenzen geht es in vielen Deiner Arbeiten. Man sieht eine Thematisierung von Bildgrenzen zum Beispiel auch in Deiner Zeichnung *Pik*. Dort zeichnest Du den Rand gleich mehrfach, feine frei gezogene farbige Linien, die so etwas wie einen Rahmen im Rahmen darstellen und in ihrem Zentrum ein nicht detailliert ausgeführtes Pik eines Kartenspiels zeigen.

HB: Bei den Ecktischen, die ja einen Raum begrenzen, geht es natürlich schon in ihrer Funktion um Grenzen. Sie funktionieren als eine Art Klammer, es braucht noch nicht mal eine wirkliche Ecke dazu. Begrenzungen sind aber auch ganz allgemein ein wichtiger Teil der Arbeit, in den Zeichnungen genauso wie in den Papiercollagen. Wenn man ganz formal den Verlauf einer Linie auf einem Papier als Silhouette begreift, dann ergibt sich, je nachdem wie man sie zieht, hieraus zum Beispiel ein Baum oder, wenn sie anders verläuft, eine Ente. Thomas Bayrle hat dafür immer den Begriff des „Containers“ verwendet, der für mich am besten beschreibt, um was es geht, nämlich daß die Linien auf einem Papier das Gerüst sind, in das ein Inhalt gegossen wird wie Zement, je nachdem, welche Form das Gerüst vorgibt.
Die Vögel der Zeichnung *Education* zum Beispiel, die ich als Wappen in einer Kabuki-Theater-Bühnendekoration entdeckt hatte, verkörpern genau das. Zwei unterschiedliche Volumen mit der gleichen Form (Vogel), die einander gegenüberstehen. Das hatte für mich sofort mit Erziehung zu tun – also kleiner Vogel, großer Vogel. Es ist hierin aber auch schon ein Austausch und eine Umkehrung der Verhältnisse angelegt, wenn man sich vorstellt, der kleine Vogel holt sich solange etwas vom Volumen des großen, bis dieser schrumpft und jener wächst. Solche Nahtstellen zwischen Form und Inhalt als variable Struktur rücken für mich immer mehr in den Vordergrund – als Verläufe von Formen und Verschiebungen von Inhalten.

KR: In einigen Arbeiten geht es ja auch inhaltlich um die Frage von Formfindungen, um Serialität und Fortsetzungen. Für die Ausstellungen in Braunschweig und Düsseldorf hast Du ein Kleeblumenbild in verschiedenen Formaten und Formen durchdekliniert. Die Vorlage zu diesem Bild entstammt einer späten Ausgabe der Zeitschrift *The Studio*, die Aubrey Beardsley mitbegründet hat, den Du bereits genannt hast. Warum interessiert Dich gerade dieses Kleeblumenbild?

HB: Auf den ersten Blick fand ich das Kleeblumenbild des Künstlers Moel Grugog einfach nur ansprechender als alle anderen, auch als diejenigen, die im Wettbewerb der Zeitschrift um das beste Bild einen Preis erhielten und nicht wie dieses lediglich ehrenvoll erwähnt wurden. Es zeigt mehrere Kleeblüten, durch die hindurch man Weidenzweige und einen Vollmond sehen kann. Die Perspektive des Betrachters ist also von unterhalb gesehen, kleiner als die der Kleeblumen, so als würde man nachts auf dem Rücken liegen und nach hinten gucken. Diese Betrachter-Konstruktion hat mir gefallen. Ebenso wie die Idee, daß im Nachhinein ein dritter Platz vielleicht besser aussehen könnte als der erste oder zweite.
In der Ausstellung gibt es mehrere kleine Zeichnungen, die alle verschiedene Grade der Abstraktion des Originalmotivs zeigen, bis hin zu den zwei großen Leinwänden, auf denen die Kleeblumen fast signethaft abgebildet sind. Der Aspekt von Serialität hat die Funktion, eine Übergewichtung der im Original sehr kleinen Grafik zu erzielen. Es geht nicht nur um ein Blumenbild als ein Motiv, das potentiell oftmals wiederholt werden kann, sondern genauso um eine spätere Neubewertung dieses Bildes.

KR: Darüber hinaus begeistert Dich offensichtlich das Thema einer eher in Vergessenheit geratenen Zeitschrift selbst.

HB: Ja, natürlich interessiert mich *The Studio* auch strukturell als eine sich nach Jahren langsam in Beliebigkeit verlierende Zeitschrift, die Selbstentwürfe der Leser/innen, die sich in den Pseudonymen, aber auch in der Auswahl an Gezeigtem spiegeln. Zudem ist bezeichnend, daß Aubrey Beardsley schon nach vier Ausgaben untragbar wurde, da er sich nicht von Oscar Wilde distanzieren wollte, als dieser zum Skandal wurde, was zeigt, wie schnell eine solche Struktur kippen kann. Das ganze Wertesystem, das hier sichtbar wird und das heute völlig bedeutungslos ist, ermöglicht auch einen neuen Blick auf das jetzige Geschehen. Genauso liebe ich es, in den Anzeigenseiten älterer Ausgaben von zeitgenössischen Kunstzeitschriften zu blättern.

KR: Die Analyse von Strukturen und das reelle Verweben und Verflechten von Geschichten und von Exzerpten ist eine Vorgehensweise, die programmatisch für Dein Denken und künstlerisches Handeln ist. Anhand der Bilder, bei denen Stoffe und Papier aus allen möglichen Quellen stammen, läßt sich das direkt ablesen. Du erwähntest ja schon Thomas Bayrle, bei dem Du studiert hast – sicher ein maßgeblicher Einfluß in diesem Zusammenhang.

HB: Für mich war es wichtig, bei Thomas Bayrle zu studieren, da ich seine Arbeit und vor allem seine Sichtweisen sehr schätze, eben seinen Begriff des „Containers", seine Analysen von Geweben und Strukturen. Er hat aber einen viel stärker an der Massenproduktion von Designs und Einzelteilen geschulten Blick als ich, und das schien mir ein gutes Korrektiv für meine eigene Arbeit, die meist ja eher kunstgewerblich daherkommt. Auch sein permanenter Zweifel als grundsätzliche Haltung war ein wichtiger Impuls. Bei mir sind die gewebten Bilder eher wie eine Art Kaffeesatz, wo sich in Schichten Nichtverwendetes und Übriggebliebenes mit Unverarbeitetem ablegt.

KR: So wie Du auch fasziniert warst von dem Foto von Matisse im Scherenschnitthaufen – ein Bild von einem Entstehungsprozeß, Geschichten von Geschichte...

HB: Ja genau, eben wie das making-of eines Filmes. Genauso denke ich, daß wir heute Matisse über Warhol wahrnehmen, eben wirklich Geschichte über Geschichte, was nicht heißen soll, daß der direkte Blick versperrt ist, aber daß ich eben oft über Umwege und Nachfolger/innen komme und durch ein Interesse an formalen und inhaltlichen Strukturen.

KR: Diese Wahrnehmung von Geschichte baust Du in Deine Arbeiten ein. Dabei hat man das Gefühl, daß Du eine gezielte Setzung vornimmst in einer bewußten Auswahl und Komposition der Arbeiten miteinander. Wie bist Du bei der Vorbereitung der beiden Ausstellungen in Braunschweig und Düsseldorf vorgegangen?

HB: An einem Punkt während der Vorbereitung konnte ich die beiden Ausstellungen nicht mehr auseinanderhalten, also habe ich mich entschlossen, für beide etwas zu planen und es dann jeweils bewußt anders zu interpretieren oder zu inszenieren. Zum Beispiel war das Gitter zunächst eine Idee für Düsseldorf, einfach eine Art Schraffur im Raum, eine Art Besetzung, die eine Gliederung des Raumes möglich machte. Dann ist mir im Verlauf aufgefallen, wie gut das Gitter zu der Architektur mit dem Garten und der Parklandschaft in Braunschweig paßte. Dort war gerade zuvor von Michael Beutler die Hauptwand der Studiogalerie herausgenommen worden, so daß drei dahinter liegende Fenster wieder sichtbar wurden. Der Raum bekam eine völlig neue Qualität dadurch, daß jetzt der Park hinter dem Gebäude visuell mit dem Vorplatz verbunden war. Das wollte ich betonen, indem ich die Verhältnisse vor Ort sozusagen verdoppelte, so daß es nun vier parallele durchlässige „Wände" gab. Also stellte ich das Gitter vor die Fassade und die vorderen Fenster und hängte die zwei Kleebilder auf eine Lattenkonstruktion vor die hinteren Fenster, die anstelle der vorherigen Hauptwand eingezogen wurde.
In Düsseldorf war die Situation völlig anders, da der Kunstverein von vornherein als funktionaler Ausstellungsraum geplant war, obwohl die Decke mit dem Sheddach auch etwas vom Charakter eines Gewächshauses hat. Hier konnte ich die Arbeiten nicht so in der Umgebung verschwinden lassen wie in Braunschweig, sondern wollte sie so inszenieren, daß ihre Präsentation bewußt vorgeführt würde. Ich wollte eher mit einem Nicht-Passen-Wollen der Objekte arbeiten, dabei hatte ich von Anfang an vor, den unruhigen Vorraum gleichwertig als Ausstellungsraum zu nutzen.

KR: Die Setzung, die Du vornimmst, bildet ja geradezu eine Dramaturgie. Der Betrachter muß um die Arbeiten herumgehen, kann sie nie ganz sehen. Es ist beeindruckend, wie leicht, wie selbstverständlich Deine Arbeiten in den jeweiligen Kontexten ihren Ort finden und dennoch eine Spannung erzeugen. In der Kombination von Arbeiten spiegelst Du im Grunde wiederum das, was in einzelnen Arbeiten bereits enthalten ist: die Zusammenführung von Strukturen, von Geschichten und von Personen, die oftmals an wichtigen Wendepunkten der Geschichte standen. Die Wahrnehmung jedoch auch von jüngster Geschichte, von der Vorgängergeneration aus den neunziger Jahren ist einflußreich für Deine Arbeit. In einem Interview sprichst Du davon, daß die Zeit der neunziger Jahre, besonders die Entwicklungen in der Kunstszene in Köln inzwischen historisierend beschrieben wird und daß sie für Dich eine wichtige Zeit darstellt. Wer hat Dich in diesem Kontext besonders interessiert?

HB: Während meines Studiums habe ich mich mit Künstler/innen wie Cosima von Bonin, Kai Althoff und Jutta Koether beschäftigt. Später kamen Michaela Eichwald und Michael Krebber dazu. Ich habe diese Positionen hauptsächlich über die Zeitschrift *Texte zur Kunst* kennengelernt, ein Magazin, mit dem ich quasi aufgewachsen bin, wenn auch aus der Ferne. Die Faszination lag zum einen in dem scheinbar abgeschlossenen Kreis, der aber auch wieder aus nicht miteinander vereinbaren Einzelpersonen und Positionen bestand. Anfangs habe ich versucht, die Beiträge wie eine Art Rezept oder Bedienungsanleitung zu lesen, und wollte all das, was ich über die Zeitschrift kennengelernt habe, zusammenführen – was natürlich unmöglich war und auch keiner jemals intendiert hatte.
Ich habe versucht, möglichst alles mitzuverfolgen; das war wie Fernsehen. Es ist ziemlich seltsam, wenn man merkt, daß die Akteure dieses Schauspiels tatsächlich existieren. In gewisser Weise muß man wohl seine Fanhaltung hinter sich lassen, um sich überhaupt real bewegen zu können – im Grunde möchte ich sie aber dennoch aufrechterhalten...

HENNING BOHL IN CONVERSATION WITH KATHLEEN RAHN

Kathleen Rahn: You make use of points of reference in your work, you browse through art history in search of figures, personalities, biographies. Who are these figures and what is their precise role for you and your work?

Henning Bohl: I need an existing construction of sorts before starting a piece of work, in the sense that I come across something that is already there and with its own structure, which I can then use as a vehicle for my own set of questions. From this point onwards I develop different strands of thematic content, which in turn can depart from the original source quite markedly. For example, I am interested in artists' biographies. In this context, I am not just interested in people themselves and their work here, such as Annie Albers or Aubrey Beardsley, but also in the way these artists have been received down the years, that is to say who was interested in them, when, and why.
The first works concerned with the biographies of others were a sort of homage to the female refugees of the Third Reich. I was fascinated by the careers of the Bauhaus weavers, for example how they succeeded in building up a new network and working environment in America; and the fact that despite the adverse circumstances, it turned out to be a mutually beneficial and enriching enterprise. My favourite Bauhaus weaver, Trude Guermonprez, ended up in Pond Farm, an artist's commune in Guerneville / California, where she was able to work productively for some years, before switching to Black Mountain College.
This was the starting point for a series of works, which for example, dealt with the prototypical Seventies architecture to be found at Pond Farm and Black Mountain College. Then I recorded a CD, *The Exilantinnen Song Book*, into which many of these phenomena were channelled. The singer-songwriter format was appropriate to convey such content. I associated it with short-lived summer hits, such as Dante Thomas' "Miss California" whose line "all these things are nice, but it's not why I'm here", seemed to tell me more about the fate of someone forced into exile than about the *nouveau riche* girl that Thomas is singing about. I found this contradiction very significant, also mentioned by many of them, namely that they had arrived there under the most adverse circumstances and then had to follow events in Germany more or less impotently, whilst at the same time enjoying idyllic circumstances in California.
My involvement with all of these artists led to a transfigured, imaginative idea of California, particularly as I am inspired by a comparatively young generation of Californian artists.

KR: Mike Kelley for example, whom you quote directly in your work *Toward a Coffee-table Book . . .*

HB: Yes, Mike Kelley is important for me because he has always been at pains not to relinquish his version of history, particularly not his version of the various sub-cultures he experienced at first hand during the 1970s. For example, in the 1970s he wrote a lecture on Peter Saul which he subsequently never held, the manuscript then being used as a *Texte zur Kunst* edition. By this time however, Saul had been rediscovered, rendering the lecture more or less redundant. Kelley then presented a facsimile of the manuscript in a cardboard cover on a triangular Ikea table. The "lowest" form of a coffee table book on the "lowest" form of coffee table. I liked this because it demonstrated how you might deal with being overly obsessive about theory as well as illustrating the short shelf-life of research. I then adopted the tables on account of their rather facile sculptural quality and used them in their manifest function as corner tables to demarcate the edges of the exhibition space.

KR: The demarcation of borders features in a lot of your works. For example, borders of pictures are thematized in your drawing *Pik* ["spades"]. Here you repeatedly trace the edges – fine, freehand, coloured lines representing something like a frame within a frame and at the centre, you draw a spade symbol from a pack of cards with minimal detail.

HB: As far as the corner tables are concerned, which demarcate space in their very function, well, it is clearly about borders. They function as a kind of bracket, you don't actually even need a real corner.
Demarcations are in general an important part of the drawings as well as the paper collages. If you perceive the formal progress of a line across the paper as a silhouette, then you get, depending on how you extend it, here for example, a tree, or if done differently, a duck. Thomas Bayrle always used the term "container" here, which best describes for me what it is about, namely that lines on paper are the scaffold or framework into which the content is poured, rather like cement, according to the form that the frame dictates.
The birds in the drawing *Education* for example, which I discovered in the coat of arms of a Kabuki theatre design, represent this exactly. Two different masses with the same form (bird) standing opposite one another. For me this immediately connotes education – small bird, big bird. But there is an inherent possibility for exchange or reversal of circumstance here if you imagine that the small bird is able to get some of the mass from the big bird, until that one shrinks and the other swells commensurately. Such joins or seams between form and content as a variable structure are becoming increasingly important for me – as ways in which forms develop and how content shifts.

KR: In some of your works the content is about the finding of form, about seriality and continuations. For the exhibitions in Braunschweig and Düsseldorf, you have taken a clover through several permutations of form and format. The actual template for this piece appeared in a later edition of magazine *The Studio*, founded by Aubrey Beardsley, whom you have already mentioned. What interest does this specific clover hold for you?

HB: At first glance I found the clover picture by the artist Moel Grugog to be more appealing than all the others, including all the ones that were awarded prizes in the magazine's competition and not like this one, merely given an honourable mention. It depicts clover through which you can glimpse willow twigs and a full moon. The perspective is from below, smaller than that of the clover plant, as though one were lying on one's back at night and looking back. I really liked this observer-based construction of the viewer, as well as the idea that a third placed entry might perhaps look better than one placed first or second. There are several little drawings in the exhibition which all show varying degrees of abstraction of the original motif, right up to the two large canvases upon which the clovers are depicted, almost signet-like. The aspect of seriality has the function of overemphasizing the intricate graphic detail of the original. It's not just about the picture of a flower as a motif in itself, which can be repeated many times, but also about a later revaluation of this image.

KR: You are also interested in the theme of a magazine which has itself drifted into oblivion as well.

HB: Yes, of course *The Studio* interests me structurally too, both in terms of it being a magazine, which slowly slips into a kind of arbitrariness over the years, as well as the designs of readers reflected in their pseudonyms and in the selection of their works on show. Also the fact that Aubrey Beardsley became a liability after only four editions because he was not prepared to distance himself from Oscar Wilde as the latter's notoriety increased, is interesting as a mirror of the time, reflecting the dominant prejudices and how fickle the adoring public can be.
The whole value system implicit here and yet so completely meaningless today, grants one a new way of looking at today's events.
The perception of one's own time is relativised. I also love reading the classified section of older editions of today's magazines.

KR: The analysis of structures and the real interweaving and combining of stories and excerpts is a programmatic method for your way of thinking and artistic work. You can tell this by looking directly at the pictures, comprising paper from all manner of different sources. You have already mentioned Thomas Bayrle with whom you studied – most certainly a decisive influence here.

HB: Studying with Thomas Bayrle was very important for me because I really value his work and above all, his way of seeing, as well as his idea of the "container", that we discussed already, his analysis of fabrics and structures. He has a much keener eye for mass production of designs and details than I have and that seemed to be a good corrective influence for my work, which tends to come from a more arts and crafts context anyway. Also his permanent skepticism as a basic demeanour was an important impulse.
My woven pictures are more like a sort of coffee grounds, where layers of unused material and leftovers sediment themselves with materials yet to be utilized.

KR: In the same way that you were fascinated by the photograph of Matisse and the pile of cut paper – a picture about a process of development, stories from history.

HB: Yes, exactly, just like "The Making of" type of film about how the film was actually made. That's exactly how I see it, that we perceive Matisse via Warhol nowadays, history via history, which doesn't mean that a direct view is precluded, but that I tend to arrive there by means of detours and the work of successive generations, as well as via an interest in formal and thematic structures.

KR: You actually build your perception of history into the fabric of your pictures. One gets the impression that you are deliberately intending this position in a conscious selection and composition of the works. How did you approach the respective exhibitions in Braunschweig and Düsseldorf?

HB: There came a point during the preparatory phase when I was unable to distinguish between the two exhibitions, so I decided to plan something for both and then consciously interpret it or stage it differently. The trellis was originally an idea for Düsseldorf, a sort of hatching in space, a sort of interpolation, which made a separation of the space possible. Then during the course of events, it occurred to me that the trellis went well with the architecture, garden and parkland in Braunschweig. Prior to that the main wall of the studio gallery had been removed for Michael Beutler so that the three windows behind it suddenly became visible. The space took on a new aspect now that the park behind the building was visually connected with the forecourt. I wanted to emphasize this by as it were doubling the conditions *in situ*, so that there were now four parallel, permeable "walls". So I placed the trellis in front of the facade and front window and hung the two clover pictures onto a slatted construction, which was brought in to replace the main wall previously in that position before the rear windows.
In Düsseldorf, the situation was completely different because the Kunstverein's space was planned to function as an exhibition space, although the ceiling with its shed roof is somewhat reminiscent of a greenhouse. I couldn't just let the works blend in here as I could in Braunschweig, but rather wanted to stage it to such an extent that the presentation had a conscious, intentional quality to it. In the case of this exhibition, I wanted to try working with an environment reflecting objects that "didn't-want-to-fit". From the outset, I intended using the somewhat disjointed entrance room as part of the exhibition space.

KR: The setting you attempt is a form of dramaturgy. The observer has to go around the exhibits, but cannot view them entirely. The way in which your works have a lightness and naturalness about them in their respective contexts and yet can generate tension, is certainly impressive. By combining works you are reflecting once again what is already visible in existing works: the combination of structures and of persons poised at important turning points in history.

However, the perception of most recent history, the preceding generation from the 90s for example, is also influential for your work. In an interview you say that the 90s, especially the developments on art scene in Cologne, are now already being historicized and that this is an important era for you. What interests you in particular about this time?

HB: During my time at art school I was interested in artists such as Cosima von Bonin, Kai Althoff and Jutta Koether; then later Michaela Eichwald and Michael Krebber. I learned about these positions by avidly reading the magazine *Texte zur Kunst*, which I sort of grew up with, even if from a distance. My fascination related first of all to the apparently complete circle, which was conversely made up of individuals and positions, which weren't in and of themselves necessarily reconcilable. At first I tried to read these items as a kind of prescription or "directions for use" and wanted to collate everything that I had gathered from the magazine – which was impossible and by no means intended by anyone. As far as possible, I tried to follow everything; it was like watching television. It is quite strange when you realize that the characters in this play actually do exist. You have to abandon the fan's adulation to a certain extent in order to have any realistic room to manœuvre. Fundamentally though, I'd still like to be able to hang on to it...

ABBILDUNGS-VERZEICHNIS INDEX OF ILLUSTRATIONS

Seiten / Pages 13–22
Detail aus / Detail of:
„The Studio" Price Competitions, 2005
Collagen, Zeitschriften, Zeichnungen in Cliprahmen / Collages, magazines, drawings in clip frames
8 Teile, je 29,7 x 21 cm /
8 parts, 11.7 x 8.3" each
5 Teile, je 42 x 29 cm /
5 parts, 16.5 x 11.4" each
Courtesy Galerie Daniel Buchholz, Köln

Seiten / Pages 23–35
Installationsansichten / Installation views
Kunstverein für die Rheinlande und Westfalen, Düsseldorf

Seite / Page 23
„The Studio" Price Competitions, 2005
Metallregal, Cliprahmen, Sperrholz /
Metal shelving unit, clip frames, plywood
150 x 75 x 30 cm / 59 x 29.5 x 11.8"
Courtesy Galerie Daniel Buchholz, Köln

Moel Grugog, 2005
Holzlatten, Scherenspaliere, Sperrholz, Beize, Sprühlack, Takelage, cem cleat 223 /
Wooden slats, trellis, plywood, woodstain, spray paint, rigging, cem cleat 223
400 x 1510 cm / 157.5 x 594.5"
Courtesy Galerie Karin Guenther
Nina Borgmann, Hamburg

Seite / Page 24
Vorhang, 2005
Papiere, Heftklammern, Holz, Takelage, cem cleat 223 / Paper, staples, wood, rigging, cem cleat 223
ca. 500 x 400 cm / app. 196.9 x 157.5"
Courtesy Galerie Daniel Buchholz, Köln

Seite / Page 25
Von links nach rechts / From left to right
Le Morte Darthur, 2004
Papier und Stoff auf Keilrahmen /
Paper and cloth on stretcher
220 x 180 cm / 86.6 x 70.9"
Courtesy Galerie Karin Guenther
Nina Borgmann, Hamburg

Der Teppich von Bayeux, 2005
Papier und Stoff auf Keilrahmen /
Paper and cloth on stretcher
180 x 220 cm / 70.9 x 86.6"
Courtesy Galerie Daniel Buchholz, Köln

Le musée des chefs d'œuvres, 2005
Papier und Stoff auf Keilrahmen /
Paper and cloth on stretcher
180 x 220 cm / 70.9 x 86.6"
Courtesy Galerie Daniel Buchholz, Köln

Ohne Titel / Untitled, 2005
Papier und Stoff auf Keilrahmen /
Paper and cloth on stretcher
220 x 180 cm / 86.6 x 70.9"
Courtesy Galerie Karin Guenther
Nina Borgmann, Hamburg

Seite / Page 26
Ohne Titel / Untitled, 2005
Papier und Stoff auf Keilrahmen /
Paper and cloth on stretcher
220 x 180 cm / 86.6 x 70.9"
Courtesy Galerie Karin Guenther
Nina Borgmann, Hamburg

Seite / Page 27
The Black Robe, 2005
Tisch, Papier, Vase / Table, paper, vase
Tisch: 32,5 x 55 x 55 cm /
Table: 9.3 x 21.7 x 21.7",
Vase: 40,5 cm / 16"
Courtesy Galerie Karin Guenther
Nina Borgmann, Hamburg

Seite / Page 28
Education, 2004
Edding, Filzstift auf Papier, Tonpapier, Cliprahmen / Marker pen, felt pen on paper, coloured paper, clip frame
24 x 18 cm / 9.4 x 7"
Privatsammlung, Köln / Private Collection, Cologne

Seite / Page 29
Pik, 2004
Edding, Filzstift auf Papier / Marker pen, felt pen on paper
38 x 29,5 cm / 15 x 11.6"
Sammlung / Collection Daniel Buchholz & Christopher Müller

Seite / Page 30
Lachendes Bild 1, Lachendes Bild 2, 2004
Papier auf grundierter Leinwand / Paper on grounded canvas
je 180 x 220 cm / 70.9 x 86.6" each
Thomas Borgmann, Köln
Sammlung / Collection Daniel Buchholz & Christopher Müller

Seite / Page 31
Detail aus / Detail of:
Hon. Mention „Moel Grugog", 2005
Siehe Seite / See page 38–39

Seite / Page 33
Theater heute, 2004
Papier auf grundierten Leinwänden, Dachlatten / Paper on grounded canvases, roof slats
350 x 400 cm / 137.8 x 157.5"
Thomas Borgmann, Köln

Seite / Page 36–40
Installationsansichten / Installation views
Kunstverein Braunschweig, Studiogalerie

Seiten / Pages 36–37
Moel Grugog, 2005
Holzlatten, Scherenspaliere, Sperrholz, Beize, Sprühlack / Wooden slats, trellis, plywood, woodstain, spray paint
400 x 1500 cm / 157.5 x 590.6"
Courtesy Galerie Karin Guenther Nina Borgmann, Hamburg

Seiten / Pages 38–39
Hon. Mention „Moel Grugog", 2005
Edding auf Papier, Papier auf zwei grundierten Leinwänden, Dachlatten / Marker pen on paper, Paper on grounded canvas, roof slats
2 Teile, je 220 x 180 cm / 2 parts, 86.6 x 70.9" each
Privatsammlung, Köln / Private Collection, Cologne

Seite / Page 40
„The Studio" Price Competitions, 2005
Siehe Seite / See page 13–22

Seite / Page 41
The Studio. An Illustrated Magazine of Fine & Applied Arts.
Reproduktion des Original-Covers der „The Studio"-Ausgabe vom 15. April 1902 / Reproduction of the original cover of "The Studio" (issue April 15, 1902)

BIOGRAFIE
BIOGRAPHY

1975
geboren / born in Oldenburg
lebt / lives in Berlin

Einzelausstellungen / Solo Exhibitions

1998
Henning Bohl und Linda Evangelista, Stellwerk, Kassel

2002
Terrassen, kjubh, Köln (mit / with Michael Beutler)
Fresh and Upcoming, Frankfurter Kunstverein

2003
Das Wunder im Wald, Autocenter, Berlin
Galerie Antik, Berlin (mit / with Suse Weber)
Die kubistische Tagesdecke, Galerie Borgmann-Nathusius, Köln
NIE, The Exilantinnen Song Book, Galerie Meerrettich im Glaspavillon der Volksbühne, Berlin (mit / with Michaela Meise)
Transformers, München

2004
Toward a Coffeetable Book, Galerie Karin Guenther Nina Borgmann, Hamburg
Retrospektive, Gerhardt-von-Reutern-Haus, Willingshausen (Kat. / cat.)
Videoskulpturen, Rote Zelle, München (mit / with Amelie von Wulffen)

Gruppenausstellungen / Group exhibitions

1999
Transformation Delta, Stellwerk, Kassel (mit / with Michael Beutler, Oliver Husain, Claus Richter)

2000
Und was machen wir heute,
Steinweghalle, Oldenburg (Kat. / cat.)
Das erste Mal,
Kunstverein Marburg
Clara,
Galerie Ascan Crone, Hamburg

2001
More talent than space,
Ieper (Belgien / Belgium)
I am for real,
Stellwerk, Kassel
Kassel am Meer,
Kunsthalle Fridericianum, Kassel
(Kat. / cat.)
Migma,
o.T. Raum für aktuelle Kunst, Luzern

2002
Origami Rückwärts,
Technoplus, Paris
Sounds,
G7, Berlin
Fluten,
Hinterconti Hamburg

2003
deutschemalereizweitausenddrei,
Frankfurter Kunstverein (Kat. / cat.)
Total Motiviert – State of the Upper Floor,
Kunstverein München
Bis ans Ende der Welt.
In Memoriam Bob Ross,
Kunstverein Konstanz (Kat. / cat.)

2004
The Studio,
Galerie Karin Guenther Nina Borgmann,
Hamburg
Adolph, Bohl, Breuer, Kleefeld, Rossek, Stahl,
kjubh, Köln
The Savoy,
Collective Gallery, Edinburgh
Tom's Garden,
Flaca Gallery, London
Müllhaufen,
Galerie Daniel Buchholz, Köln
Deutschland sucht,
Kölnischer Kunstverein, Köln (Kat. / cat.)
Jetzt und zehn Jahre davor,
Kunstwerke, Berlin
fin,
Städelmuseum, Frankfurt
Ausstellungsraum Anna Otto, Frankfurt

2005
POST MoDERN,
Greene Naftali Gallery, New York
Therefore beautiful,
Ursula Blickle Stiftung, Kraichtal
(Kat. / cat.)

BIBLIOGRAFIE
BIBLIOGRAPHY

Publikationen / Publications

Pöcel, Veronika (Hrsg. / ed.),
Und was machen wir heute,
Ausstellungskatalog / Exhibition Catalogue,
Oldenburg, 2000

Kunsthalle Fridericianum (Hrsg. / ed.),
Kassel am Meer,
Ausstellungskatalog / Exhibition Catalogue,
Kunsthalle Fridericianum, Kassel, 2001
S. / pp. 12–13

Schafhausen, Nikolaus (Hrsg. / ed.),
deutschemalereizweitausenddrei,
Ausstellungskatalog / Exhibition Catalogue,
Frankfurter Kunstverein, 2003,
S. / pp. 22–23, 141

The Red Crayola (CD),
mit / with Sergej Jensen, 2003

The Exilantinnen Song Book (CD),
Galerie Meerrettich, 2003

Hahn, Friedemann / Theodorakopoulos,
Amalia (Hrsg. / ed.), *Bis ans Ende der Welt. In Memoriam Bob Ross*, Ausstellungskatalog /
Exhibition Catalogue, Revolver Verlag,
Frankfurt a. M., 2003, S. / pp. 26–29

Sparkassen-Kulturstiftung Hessen-Thüringen
(Hrsg. / ed.),
Henning Bohl. Retrospektive,
Ausstellungskatalog / Exhibition Catalogue,
Kreissparkasse Schwalm-Eder, 2004

Kölnischer Kunstverein (Hrsg. / ed.),
Deutschland sucht,
Ausstellungskatalog / Exhibition Catalogue,
Kölnischer Kunstverein, 2004, S. / p. 33

Müller, Vanessa Joan (Hrsg. / ed.),
Therefore Beautiful,
Ausstellungskatalog / Exhibition Catalogue,
Ursula Blickle Stiftung, Kraichtal, 2005

Artikel / Articles

Hohmann, Silke, „Nicht zwecklos“, *Frankfurter Rundschau*, 2. Oktober / October 2002

Krebber, Michael, „Schön zäh“, *Texte zur Kunst,* Nr. / no. 49, 2002, S. / pp. 128–130

Eichwald, Michaela, „Weiter machen“, *Texte zur Kunst*, Nr. / no. 52, 2003, S. / pp. 184-187

Asthoff, Jens, „Hamburg: Henning Bohl in der Galerie Karin Guenther Nina Borgmann“, *Kunstbulletin*, Nr. / no. 11, 2004, S. / p. 47

Möntmann, Nina, „Henning Bohl / Galerie Karin Guenther Nina Borgmann“, *Artforum*, Januar / January 2005, S. / p. 193

Holzhey, Magdalena, „Henning Bohl“, *Kunstbulletin*, Nr. / no. 9, 2005, S. / p. 50

IMPRESSUM
COLOPHON

Henning Bohl

Kunstverein Braunschweig e.V.
Studiogalerie, 21. Mai – 24. Juli 2005
Lessingplatz 12, 38100 Braunschweig
Telefon 0531 49556, Telefax 0531 124737
info@kunstverein-bs.de
www.kunstverein-bs.de

Kunstverein für die Rheinlande und Westfalen
30. Juli – 1. September 2005
Grabbeplatz 4, 40213 Düsseldorf
Telefon 0211 327023, Telefax 0211 329070
mail@kunstverein-duesseldorf.de
www.kunstverein-duesseldorf.de

Herausgeber / Editor
Kunstverein Braunschweig, Kunstverein für die Rheinlande und Westfalen
Redaktion / Editing
Kathleen Rahn, Katrin Wosnitzka
Lektorat / Copy Editor
Patrizia Dander, Ralf Schauff, Elisabeth Schuchardt
Übersetzungen / Translations
Timothy Connell
Gestaltung / Design
Yvonne Quirmbach
Fotografie / Photography
Thomas Müller (Braunschweig)
Yun Lee (Düsseldorf)
Lithographie / Reproduction works
Norbert Schrey, Plano Druck, Düsseldorf
Druck / Print
Plano Druck, Düsseldorf

Die Deutsche Bibliothek – CIP-Einheitsaufnahme
Ein Titelsatz für diese Publikation ist bei Der Deutschen Bibliothek erhältlich.

ISBN 3-86560-012-3

Printed in Germany

Vertrieb / Distribution:
Europa / Europe
Buchhandlung Walther König
Ehrenstr. 4, D - 50672 Köln
Telefon +49 (0)221 205 96 53
Telefax +49 (0)221 205 96 60
order@buchhandlung-walther-koenig.de

Schweiz / Switzerland
AVA, Verlagsauslieferungen AG
Centralweg 16, Postfach 27, CH-8910 Affoltern a.A.
Telefon +41 (0)1 762 42 00
Telefax +41 (0)1 762 42 10
a.koll@ava.ch

UK & Eire
Cornerhouse Publications
70 Oxford Street, GB-Manchester M1 5NH
Telefon +44 (0)161 200 15 03
Telefax +44 (0)161 200 15 04
suzanne.davies@cornerhouse.org

Außerhalb Europas / Outside Europe
D.A.P./Distributed Art Publishers, Inc., New York
155 Sixth Avenue, New York, NY 10013
Telefon 212-627-1999
Telefax 212-627-9484

Kunstverein Braunschweig

Vorstand / Board members
Dr. Bernd Huck (Vorsitzender des Vorstandes / Chairman), Tobias Hoffmann (2. Vorsitzender / Vice Chairman), Christian Böke (Schatzmeister / Treasurer), Dr. Regine Nahrwold, Oliver Ruth, Isolde Saalmann, Prof. Dr. Karin Wilhelm, Kurt Höweler (Ehrenvorsitzender / Honorary Board Member)

Leitung / Director
Karola Grässlin
Projektassistenz / Project assistance
Katrin Wosnitzka
Sekretariat / Secretary
Rosemarie Henschke
Raumpflege / Cleaning services
Rosemarie Niemeier
Ausstellungsbetreuung / Exhibition supervisor
Elisabeth Schuchardt
Ausstellungstechnik / Exhibition technology
Oliver Wenzel, Simon Halfmeyer, Iris Schneider, Oliver Voss
Führungen / Exhibition guides
Katrin Wosnitzka, Melanie Mayr

Dank an / Special thanks to
Stadt Braunschweig, Land Niedersachsen, Hofbrauhaus Wolters

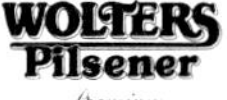

Kunstverein für die Rheinlande und Westfalen

Vorstand / Board members
Georg Kulenkampff (Vorsitzender des Vorstandes / Chairman), Dr. Waltraud Bertz (2. Vorsitzende / Vice Chairman), Michael Dettmann (Schatzmeister / Treasurer), Michael M. Benninghaus, Axel Haubrok, Friedrich-Wilhelm Metzeler, Dipl.-Ing. Renate Ulrich, Dr. Rainer Zimmermann, Prof. Dr. Armin Zweite

Leitung / Director
Rita Kersting
Wissenschaftliche Mitarbeit / Curator
Kathleen Rahn
Volontariat / Trainee
Patrizia Dander
Sekretariat / Secretary
Doris Rother
Mitgliederbetreuung / Members office
Sigrid Konopka
Ausstellungstechnik / Exhibition technology
Jörg Schlürscheid, Ralf Werner

ständiger Partner

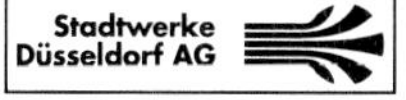

Dank / Credits
Helke Bayrle, Thomas Borgmann, Wolfgang Breuer, Daniel Buchholz, Christopher Müller, Karin Guenther, Nina Borgmann, Barbara und Alexander Fehr, Sergej Jensen, Stefanie Kleefeld, François Morellet, Julia Müller, Jochen Meyer, Sabine Reitmeier, Bobby Sievert, Lucie Stahl